名胜

国文化百科

独特自然名胜

张建成 编著 胡元斌 丛书主编

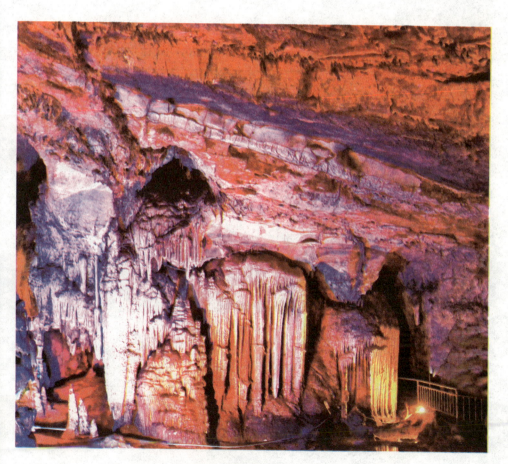

汕头大学出版社

图书在版编目（CIP）数据

名胜：独特自然名胜 / 张建成编著. -- 汕头：汕
头大学出版社，2015.2（2020.1重印）
（中国文化百科 / 胡元斌主编）
ISBN 978-7-5658-1603-1

Ⅰ．①名… Ⅱ．①张… Ⅲ．①名胜古迹—介绍—中国
Ⅳ．①K928.7

中国版本图书馆CIP数据核字(2015)第020857号

名胜：独特自然名胜　　　　MINGSHENG：DUTE ZIRAN MINGSHENG

编　　著：张建成
丛书主编：胡元斌
责任编辑：汪艳蕾
封面设计：大华文苑
责任技编：黄东生
出版发行：汕头大学出版社
　　　　　广东省汕头市大学路243号汕头大学校园内　邮政编码：515063
电　　话：0754-82904613
印　　刷：三河市燕春印务有限公司
开　　本：700mm×1000mm 1/16
印　　张：7
字　　数：50千字
版　　次：2015年2月第1版
印　　次：2020年1月第2次印刷
定　　价：29.80元
ISBN 978-7-5658-1603-1

前 言

　　中华文化也叫华夏文化、华夏文明，是中国各民族文化的总称，是中华文明在发展过程中汇集而成的一种反映民族特质和风貌的民族文化，是中华民族历史上各种物态文化、精神文化、行为文化等方面的总体表现。

　　中华文化是居住在中国地域内的中华民族及其祖先所创造的、为中华民族世世代代所继承发展的、具有鲜明民族特色而内涵博大精深的传统优良文化，历史十分悠久，流传非常广泛，在世界上拥有巨大的影响。

　　中华文化源远流长，最直接的源头是黄河文化与长江文化，这两大文化浪涛经过千百年冲刷洗礼和不断交流、融合以及沉淀，最终形成了求同存异、兼收并蓄的中华文化。千百年来，中华文化薪火相传，一脉相承，是世界上唯一五千年绵延不绝从没中断的古老文化，并始终充满了生机与活力，这充分展现了中华文化顽强的生命力。

　　中华文化的顽强生命力，已经深深熔铸到我们的创造力和凝聚力中，是我们民族的基因。中华民族的精神，也已深深植根于绵延数千年的优秀文化传统之中，是我们的精神家园。总之，中国文化博大精深，是中华各族人民五千年来创造、传承下来的物质文明和精神文明的总和，其内容包罗万象，浩若星汉，具有很强文化纵深，蕴含丰富宝藏。

　　中华文化主要包括文明悠久的历史形态、持续发展的古代经济、特色鲜明的书法绘画、美轮美奂的古典工艺、异彩纷呈的文学艺术、欢乐祥和的歌舞娱乐、独具特色的语言文字、匠心独运的国宝器物、辉煌灿烂的科技发明、得天独厚的壮丽河山，等等，充分显示了中华民族厚重的文化底蕴和强大的民族凝聚力，风华独具，自成一体，规模宏大，底蕴悠远，具有永恒的生命力和传世价值。

在新的世纪，我们要实现中华民族的复兴，首先就要继承和发展五千年来优秀的、光明的、先进的、科学的、文明的和令人自豪的文化遗产，融合古今中外一切文化精华，构建具有中国特色的现代民族文化，向世界和未来展示中华民族的文化力量、文化价值、文化形态与文化风采，实现我们伟大的"中国梦"。

习近平总书记说："中华文化源远流长，积淀着中华民族最深层的精神追求，代表着中华民族独特的精神标识，为中华民族生生不息、发展壮大提供了丰厚滋养。中华传统美德是中华文化精髓，蕴含着丰富的思想道德资源。不忘本来才能开辟未来，善于继承才能更好创新。对历史文化特别是先人传承下来的价值理念和道德规范，要坚持古为今用、推陈出新，有鉴别地加以对待，有扬弃地予以继承，努力用中华民族创造的一切精神财富来以文化人、以文育人。"

为此，在有关部门和专家指导下，我们收集整理了大量古今资料和最新研究成果，特别编撰了本套《中国文化百科》。本套书包括了中国文化的各个方面，充分显示了中华民族厚重文化底蕴和强大民族凝聚力，具有极强的系统性、广博性和规模性。

本套作品根据中华文化形态的结构模式，共分为10套，每套冠以具有丰富内涵的套书名。再以归类细分的形式或约定俗成的说法，每套分为10册，每册冠以别具深意的主标题书名和明确直观的副标题书名。每套自成体系，每册相互补充，横向开拓，纵向深入，全景式反映了整个中华文化的博大规模，凝聚性体现了整个中华文化的厚重精深，可以说是全面展现中华文化的大博览。因此，非常适合广大读者阅读和珍藏，也非常适合各级图书馆装备和陈列。

目 录

东部自然名胜

东南自然名胜

中部自然名胜

北方自然名胜

东部

　　我国东部地区位于东亚大陆东缘，太平洋西岸，并包括我国东部和南部的海域。这里山明水秀，山水不仅延续了生命，山水也产生了文明，推动了社会的进步和发展。

　　我国东部自然名胜风景区主要有南京钟山、江西井冈山、缙云仙都和浙江雪窦山等处，这些自然名胜风景如画，美丽无限。

金陵毓秀——钟山

钟山风景名胜区位于江苏省南京市，以钟山和玄武湖为中心。

钟山风景名胜区蜿蜒起伏，宛如游龙，包括紫金山、明代城垣、玄武湖，山、湖的连接地带以及环湖的富贵山、覆舟山和鸡笼山等若干低丘和城垣、城堡。

其特点是山光与水色齐收，山、水、城、林融为一体，相得益彰。自钟山远眺，玄武湖五洲烟柳，十里春风，燕雀湖波光墙影，紫霞湖林海明珠，尽收眼底，使人心旷神怡。富贵山、覆舟山和鸡笼山秀峰塔影，林木葱郁。

自然生成的山林野趣，加上匠心独运的精美建筑，使得钟山风景区成为自然美与人文美紧密结合的上乘佳作。

钟山位于六朝古都南京的东郊，是南京地区群山之首。古称金陵山，战国时楚国在此建金陵邑，即由此山得名。汉代开始称钟山，东晋时开始称紫金山，因山有紫色页岩，远望山顶，紫云缭绕，气象万千。

钟山三峰相连形如巨龙，山、水、城浑然一体，雄伟壮丽，气势磅礴，古有"钟山龙蟠，石城虎踞"之称。

钟山，在南京既是一座城中的山，又是一座城中之城。集寻古探幽、观光休闲于一体。人们常将钟山比作龙头，其尾拖至镇江而入海，称宁镇山脉是一条巨龙，从东海入江，故曰"神龙见首不见尾"。

　　钟山上的树，与城内的树就大不一样，钟山上的树值得南京人骄傲，春天的梅花、秋天的枫叶和桂花、常绿的松柏、土生土长的榆槐、舶来的石楠，都是南京人常挂在嘴边的树木，钟山周围因有气候水土等优越的条件，形成了一片天然茂盛的森林。

　　钟山地处北温带和亚热带的交接之地，为南北植物引种过渡地带，这里植物品种丰富，林木繁茂。

　　钟山是江苏南部茅山山脉的余脉，宁镇山脉的最高峰。山势整体呈弧形，中部向北凸出；东段向东南方向延伸，止于马群、麒麟门一带；西段走向西，经太平门附近入城，隆起为富贵山、覆舟山和鸡笼山。山势蜿蜒逶迤，形如莽莽巨龙，故称"钟山龙蟠"。

钟山有3座山峰，呈笔架形。主峰居中偏北叫北高峰，为宁镇山脉之最高峰；其东南第二峰为小茅山；第三峰居西称天堡山。环山溪流交汇，湖泊众多，北麓的玄武湖、山南的紫霞湖、燕雀湖、琵琶湖等尤负盛名。

自六朝第一位帝王东吴孙权开始，钟山即成为帝王陵寝及功臣勋戚的葬地所在。自六朝伊始，钟山又是江东佛教圣地。自六朝至近现代，钟山均为军事要冲，兵家必争之地。

钟山人文景观众多，历代风物荟萃，多处名胜史迹和纪念建筑琳琅满目，错落有致地掩映在苍松翠柏之中。钟山是古都南京的骄傲，是古都南京的圣地。

灵谷寺在钟山风物中是历史最为悠久的佛寺建筑。在六朝时期，钟山寺宇很多，梵宫刹宇林立，钟磬之声相闻。岁月沧桑，历代迭有兴废，至今仅山左之灵谷寺尤具规模。

特别是灵谷寺中的无量殿形制高大，全用砖砌，不用寸钉片木，故又称无梁殿，为国内现存同类建筑中时代最早、规模最大者。

钟山文化遗迹也颇具特色。就碑刻而言，唐代大画家吴道子作画，大诗人李白作赞，大书法家颜真卿所书的宝志和尚像赞碑，即被后人称为"三绝碑"，久负盛名。

原建钟山独龙阜，后随灵谷寺迁往今址。坟头村附近的阳山碑材，即明成祖朱棣下令开凿，原拟作为刻制孝陵神功圣德碑的碑材，其碑额、碑身、碑座硕大无比，堪称"绝世碑材"。

玄武湖是钟山风景名胜的重要组成部分，东与钟山相邻，山清水秀，相得益彰。它处在南京市玄武门外，湖有五洲，即环洲、樱洲、梁洲、翠洲和菱洲，风光秀美，各有特色。

从南京市内出玄武门，走过两面绿树婆娑的翠虹堤，即是环洲，洲身狭长弯曲如环，故名。洲上有两块玲珑剔透的太湖石，一名观音石，一名童子石。观音石后有一土墩，洲上遍植垂柳，微风吹来，烟云缥缈，"环洲烟柳"成为它的特色美景。

樱洲在环洲环围之中，成为洲中之洲，两洲仅隔一条狭窄的水道，有桥相连。洲上广种樱花树，因而得名。每当春暖花开，鲜艳夺目。沿湖还有一条长廊，隐现于树海花丛之中，亦甚别致。

梁洲在环洲北面，从环洲向北过芳桥即是。在五洲中它开辟最早，风景最佳，名胜古迹最多。早在南朝梁代这里即建有昭明太子读书台，故称梁州，著名的《昭明文选》就是他倡仪选编的。

洲北有览胜楼，登楼眺望，全湖风景尽在眼中。洲西有湖神庙和铜钩井，洲上还有友谊厅、陶然亭、赏荷亭、闻鸡亭等古建筑及溜冰场、观鱼池、温室苗圃等，以供观赏。这里绿树葱茏，花草繁盛，"梁洲秋菊"是其特色。

翠洲在梁洲以东，过翠桥即是。这里佳木繁多，苍翠欲滴，故名。绿树、蓝天、白云一起倒映湖中，构成了"翠洲云树"佳景。洲上有少年之家、音乐台、露天剧场等游艺场所。

...在玄武湖中心，与翠洲南北相对，因洲形似

菱洲在寺名。原是孤立湖中的一岛，与其他各洲不相连

菱，过去... 一条向南至解放门，连古台城。其东面水面辽

接，一条... 岚光山影构成了"菱洲山冈"胜景。

阔，钟山... 深藏于山间林海中的人工蓄水湖泊，因与紫霞洞相连

紫... 水清澈，周围林木翁郁，山青水碧，风景佳丽。有"林海

而得... 之誉。

中的... 南宋著名爱国诗人陆游雨中游钟山定林寺的摩崖题刻、明

代... 真人隐居的道家"第三十一洞天"等处，均为钟山胜境，具有

...郁的文化气息。

音乐台，位于中山陵广场南。音乐台为钢筋混凝土结构，平面为半圆形。圆中心是舞台，台后建有大壁，同北京回音壁原理相同，以汇集音浪。用水泥假石镶面。台前有一汪月牙形莲花池，池底有伏泉，池前是半圆形草坪。

流徽榭在中山陵至灵谷寺公路的南边，又名水榭亭，三面临水，

碧水如镜，倒映水榭，别有情趣。

　　梅花山在南京市中山门外钟山南，处于明孝陵神道环抱中。因山上多红梅而得名。旧名孙陵岗，也称吴王坟，因东吴的孙权葬在这里而得名。

　　南京中山植物园是我国第一座国立植物园，坐落于南京东郊的国家级钟山风景区内，背倚苍翠巍峨的钟山，面临波光潋滟的前湖，傍依古老壮观的明城墙，遥对闻名中外的中山陵。

　　园中气候温和，植被茂盛，融山、水、城、林于一体，秀色天成，风光旖旎，既是一个独具魅力的旅游胜地，又是一个奥妙无穷的植物王国。

　　中外闻名的紫金山天文台位于钟山第三峰天堡山上，是我国最早建立的现代化天文观测和研究机构。我国是世界上研究天文最早的国家之一，自古创造了许多天文仪器，现在紫金山天文台内还保存着一批极珍贵文物，有浑仪、简仪、圭表、小天体仪、小地平经纬仪和漏壶等，这些仪器制作精美，使用精确方便，举世公认。

钟山风物，当以孙中山先生的陵墓及其附属纪念建筑群为最。中山陵，位于紫金山中茅山的南坡，前临平畴万里，后拥苍崖千丈，由我国著名建筑师吕彦直设计，融汇我国古代与西方建筑的精华，庄严简朴，别创新格。墓地全局呈"警钟形"图案，寓"使天下皆达道"之义。

中山陵的建筑风格中西合璧，钟山的雄伟形势与各个牌坊、门、碑亭、祭堂和墓室通过大片绿地和宽广的通天台阶，连成一个大的整体，显得十分庄严雄伟，既有深刻的含义，又具纪念的功能，更有宏伟的气势，被誉为"中国近代建筑史上的第一陵"。

拓展阅读

钟山因为不凡的气度和形胜，曾引无数帝王将相竞相折腰。南唐李后主信佛后放弃了对宋的一战，当僧侣们拿起武器誓死要保卫皇城时，李后主劝说他们这是违背佛的宗义，自己作为护城的人质当了俘虏被宋人押走。

"问君能有几多愁，恰似一江春水向东流"，作为诗人的李煜，大概悟到佛的诚实、和诤、爱语、质直、清静、慈悲、正见等宗旨。这些佛的基本要义，历经2000多年而今仍被大家沿用。说明人类在追求世界和平，社会和谐，科学发展中，真善美是永恒的，真善美是人类追求的至尊境界。

五岳独尊——泰山

泰山，古称岱山，也称岱宗，春秋时改称今名，因地处东部，又称东岳。

泰山位于山东省泰安市城北，因古人以东方为万物交替、初春发生之地，古之帝王每每要来泰山举行封禅大典，祭告天地，故有"五岳独尊"之说。其山势突兀峻拔，景色壮丽，有众多的名胜古迹。

泰山的主要景观有岱宗坊、王母池、红门宫、万仙楼、斗母宫、柏洞、壶天阁、回马岭、中天门、云步桥、对松山、五大夫松、升仙坊、南天门、无字碑、经石峪刻经、鸳鸯碑、纪泰山铭、碧霞元君祠、日观峰、玉皇顶、后石坞、黑龙潭、普照寺等。

岱宗坊是由东路步行登泰山的起点，为四柱三洞式石坊，全部选用优质花岗岩砌筑，上覆石瓦，单檐挑角。坊东西两侧为岱宗坊游园，人们多在此休憩。

王母池，古称瑶池，也叫群玉庵，位于岱宗坊北面，再转折向东不远处，王母池传为王母约会群仙的地方。这是一组依山傍水，高下相间，玲珑紧凑的古代建筑群。唐代诗人李白在《游泰山》诗中也有"朝饮王母池，暮投天门阙"的诗句。

现存多为明清建筑，三进式院落，平面呈长方形。从前院到后院逐步登高。内中有王母池，池西为王母泉，泉水清澈、甘洌，经年不涸。

红门宫因其西北悬崖有两块并列如门的红石而得名，登上台阶映入眼帘的是4座石坊，前后相连，故有小坊群之称。第一座牌坊为一天门坊，初建于明代，清康熙年间重修。

其后紧连着就是孔子登临处石坊，再后是天阶坊和瞻岩初步两座石坊。它以飞云阁为中心，分为东西两部分，东为弥勒院，西为元君庙。另建有更衣亭，乃是帝王登山换衮更衣之处。

万仙楼旧称望仙楼，坐落在红门宫以北，为一跨盘道楼阁式建筑。门洞高4.4米，上层楼阁3间，重梁起架，九脊歇山顶，覆黄色琉璃瓦。门洞之阴上刻"谢恩处"3字，传为旧时帝王登山，地方官员送驾至此谢恩返回之处。

斗母宫坐落在泰山龙泉峰下，东临溪水，原为供祀"先天斗母大圣元君"，传说是北斗众星之母的道观，后改为佛门的尼姑庙院。斗母宫分南北三层院落。中、北两院各有大殿3间，宫中有殿宇、楼阁、亭榭、庑廊等房屋数十间。整个建筑依山傍水，错落有致。

宫门西向，门口枕石上有琢雕精细、形象逼真的石狮子一对。南院寄云楼建于1914年。北院正殿为送子观音殿3间，东轩为听泉山房，凭牖远眺，可观泰山著名胜景三潭叠瀑。宫前一棵明代古槐，犹似卧龙翘首，故名卧龙槐。此处景致静中有动，别具一格。

柏洞在斗母宫北面，盘道两侧山崖上布满古柏，连绵上千米，使人犹如进入了一个由柏树组成的隧道之中，故有此称。

这里古柏茂盛，荫翳蔽日，人行其间，虽在盛夏烈日之下，也觉清爽可人，多在此休憩。

壶天阁在柏洞北面，始建于明代，原名升仙阁，清乾隆年间扩建后改今名。所谓"壶天"即道家所称的仙境。门洞两旁镌有对联：

登此山一半已是壶天，造极顶千层尚多福地。

阁楼为重檐歇山式，黄色琉璃瓦覆盖。阁北为元君殿，阁西有倚山亭。

回马岭位于壶天阁西侧，旧称石关，也叫瑞仙岩。盘路上立有石坊，上书"迴马岭"3个朱红大字。使人意识到登山至此，道路险峻，马已不能上，只可徒步攀登了。这里重峦叠嶂，峰回路转，形势险要。

中天门位于泰山中、西两路交汇处，也叫二天门。高踞于黄岘岭之上，为泰山主峰屏障。中天门石坊立于十二连盘和倒三盘的结合处，旁有巨石仆卧如虎，因名伏虎石，石壁上有清吴大澂大篆"虎"字，古朴雄健。

云步桥位于中天门上，因石桥飞架在云雾缭绕的断崖之上，人行至此如在云中漫步，故名。云桥高悬如虹，百丈崖瀑布似白练倾泻而下，是为"云桥飞瀑"，乃泰山十大自然景观之一。

五大夫松石坊下有巨石一块，上刻"飞来石"3个大字，是明万历三十一年也就是1584年在一次狂风暴雨中，从山上滚落下来的。

山坡上有古松一棵，状若伞盖，长枝下垂如拱身行礼迎接宾客，故名望人松，也称迎客松，相传为秦时古松，已成为泰山标记之一。

东北悬崖上刻有清乾隆皇帝《朝阳洞诗》，俗称万丈碑，为泰山最大的摩崖石刻。

对松山又称万松山，或称松海，位于南天门下。这里两峰对峙，松生绝壁，云出其间，风起则松涛轰鸣。清乾隆皇帝至此，遂有"岱宗最佳处，对松真奇绝"的赞叹。

升仙坊，在南天门下"十八盘"的盘道中间。以此坊为界，坊南谓"慢十八"，坊北为"紧十八"，旧有过得此坊便可成仙之说。

此石坊始建于明代，系两柱一洞的跨路坊。在此处抬头仰望南天门，但见盘道陡峭，犹如天梯悬空，回视来路，青峰浮云，碧海涌波，宛若置身天街。

南天门坐落在登山盘道的尽处，又名三天门。翔凤、飞龙两峰雄峙东西，天门扼隘口而立，险中出奇，气度非凡。门分两层，下为拱形门洞，上为阁楼，名摩云阁。门西侧有元代杜仁杰撰、严忠范书写的《天门铭》石碑，铭词古雅，楷法端严。

无字碑矗立于泰山极顶处，高6米，宽1.3米，厚0.9米，重约170吨，由石灰岩琢磨而成。其形制自下而上渐次收分，顶部覆以方石一块，其上又叠置一小型雕柱，遥观如一通巨型经幢。

据清代学者顾炎武考证，此碑当系汉武帝封禅泰山时所立。当是汉武帝刘彻自认为"受命于天"，"功高莫名"，任何语言、文字都不足以充分表达其丰功伟绩而已。

经石峪刻经位于泰山中路东侧大罗汉崖山涧之中一块约3000平方米的石坪上，自东而西镌刻有47行经文，内容为北朝以来广为流行的《金刚经》。每个字径约50厘米，铭一两厘米，被后人尊之为"大字鼻祖，榜书之宗"。经文隶书，字体圆润，气势雄奇，是我国重要的佛经刻石。

鸳鸯碑，又名双束碑，是泰山现存最早的唐代碑刻，内容为唐高宗至德宗年间六帝一后时期岱宗观修斋建醮文书，共27篇。其中仅武则天时期的就有9篇，并保留了武则天独撰的一些新字。这种造型新颖、集中刻石纪事的碑刻，为我国碑刻史迹所仅见。

纪泰山铭，雕镌在泰山极顶大观峰东侧，全文4段，24行，每行51字，共996字，连同额名正好1000字。这是唐玄宗李隆基于725年封禅泰山时亲自撰书，也是他封禅泰山的历史见证。铭文由隶书写成，形制端庄，书艺遒逸，文词典雅、气魄恢宏。

碧霞元君祠坐落在泰山极顶南面。建于宋代，明清均有增修。初名昭真祠，金称昭真观，明称碧霞元君庙或碧霞灵佑宫。祠内供奉主神为"天仙玉女碧霞元君"，也称泰山玉女，俗称泰山老母。

日观峰位于岱顶天柱峰东南，为观看日出的最佳去处。峰北有巨石探出，长近7米，名拱北石，又名探海石。

"旭日东方"乃岱顶之奇观，初始只见一红线，渐渐扩张，绚烂多彩，久之忽现弓形，须臾即呈半圆，转瞬跃出海面，顷刻间便光芒四射，普照人间。

玉皇顶也称天柱峰，是泰山的顶峰。因建有玉帝观，故名。极顶石周围有石栏杆，石上题有"极顶"两字。西北有"古登封台"碑，是古代帝王登高封禅的地方。

玉皇庙建于泰山极顶，为泰山上地势最高的建筑物。主殿内供明代铸玉皇大帝铜像。东有迎旭亭，西有望河亭。在亭内可东观海上日出，西望晚霞夕照。

后石坞在泰山之阴的山峪中，三壁环抱，被称为"岱阴奥区"，谓奥妙无穷之意。石坞石洞内泉水叮咚，寒冬形成的冰柱，如同玉圭，虽盛夏也不融化，故有"六月寒冰坚玉柱"之说。

此处多松柏，姿态各异，"石坞松涛"堪称佳景，且多怪石，嶙峋如笋，有"笋城"之称谓。

黑龙潭位于泰山东百丈崖之下。西溪之水曲折奔流来到这里骤然飞落绝涧，架空悬注，如飞虹闪电，飞驰而下，顿时云烟吞吐，晦明变幻。

潭边西溪石亭楹联一副："龙跃九霄云腾致雨，潭深千尺水不扬波"，所言非常形象。潭上有长寿桥，状若彩虹；潭南有龙潭水库，晴日可观傲徕倒影。

普照寺在泰山的南麓，是山南保存最完整的禅寺。初建于六朝，后多有扩建，明清时均予以重修。

该寺依山建造，分上中下三重。以双重山门、大雄宝殿及摩松楼为中轴线，东西配以殿庑、禅房、花园等。

拓展阅读

探海石又叫拱北石，是泰山著名的标志性景观之一。关于它的来历，还有一段美丽的传说呢！

原来，中天门有座二虎庙，二虎庙供奉着黑虎神，他奉碧霞元君之命保卫泰山安宁。有一年春天，东海龙宫有个守门的海妖见泰山顶上热闹非凡，就去施放妖气，刹那间，山顶变得乌烟瘴气。黑虎神正在山下巡视，见乌云笼罩山顶，便知定有海妖作怪，便提上碧霞元君赐给他的镇山之宝——擎天神棍，真奔山顶，他见那海妖还在做法，便持棍打去。海妖急忙化作一缕青烟夺路而逃。

由于黑虎神用力过猛，那擎天神棍打在石上断为两截，断掉的一截顿时化作一块巨石，直指东海，怒目而视。从此，那海妖看见擎天神棍立在山顶，再也不敢到泰山作孽了。

绮丽自然——井冈山

井冈山位于江西省吉安市境内，东临江西泰和、遂川两县，南邻湖南、炎陵县，西靠湖南茶陵县，北接江西永新县，是江西省的西南门户。井冈山山高林密，沟壑纵横，层峦叠嶂，地势险峻。其中部为崇山峻岭，两侧为低山丘陵，从山下往上望，巍巍井冈就如一座巨大的城堡，五大哨口是进入"城堡"必经的"城关"，把守此地，有"一夫当关，万夫莫开"之势。

井冈山上林木繁茂，有各类植物3800多种，其中香果树、银杏、水杉、鹅掌楸、井冈杜鹃等，均属名贵珍稀植物。一般杜鹃花都是丛生灌，这里却能长成直径近一米的大树，而且品种很多，当春夏之交，漫山遍野杜鹃花盛开，景色迷人。

每年春天，这里同样"红"透半边天，因为在参天挺立的水杉之间，在浓荫馥郁的梧桐之下，以树的姿态密密匝匝地伸向

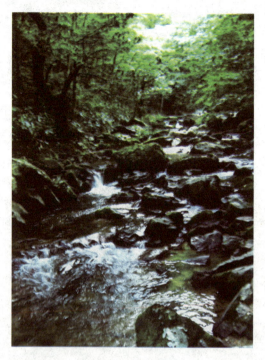

蓝天的杜鹃也迎来了绚烂的花期，为绿色的山林增添了斑斓色彩。微风过处，影影绰绰，如裙摆飘飘，让人陶醉。

井冈山上的杜鹃种类繁多，有云锦杜鹃、鹿角杜鹃、猴头杜鹃等约30个名贵品种，而其中最为著名的当属这里独有的珍稀树种"井冈山杜鹃"。

它不仅有清新扑鼻的花香，而且还拥有独具一格的"渐变"色：初开时为粉红色，然后逐渐变成紫红色，色泽绚丽、妩媚多姿，非常独特。

井冈山特产有猕猴桃、金桂、山梨、杨梅、石耳、木耳、香菇、玉兰片、玉溪茶、黄连等。

井冈山的自然景观令人叹为观止。景区内峰峦叠嶂，峪壑幽深，溪流澄碧，林木翁郁。主要景观的类型有：峰峦、山石、瀑布、溶

洞、气象、高山田园风光、次原始森林和珍稀动植物、温泉等。

这些景观具有雄、险、秀、幽、奇的特色。可以春赏杜鹃、夏观云海，秋眺秀色，冬看雪景。尤以雄险的山势、奇特的飞瀑、磅礴的云海、瑰丽的日出和烂漫的杜鹃花而蜚声中外。

这里巍峨群峰矗立，万壑争流，苍茫林海，飞瀑流泉，有气势磅礴的云海，瑰丽灿烂的日出，十里绵延的杜鹃长廊和蜚声中外的井冈山主峰。

五指峰位于茨坪西南面，因峰峦像人手的五指而得合得名。五指峰峰峦由东南向西北伸延，绵亘数十千米，气势磅礴，巍峨峻险，至今杳无人迹，还是个"神秘世界"，人只能站在隔岸的"观景台"上远望其巍峨的雄姿，是保存完好的原始森林，现已列为自然保护区。

五指峰两边巨峰对峙，中间一条深谷，谷底为龙庆河，即井冈山河。半山腰有个"天军洞"，相传为当年太平天国军驻地，与五指峰相望的还有"龙庆洞"。传说此洞曾藏龙居仙。

景区内是一座天然的动植物园，这里是短尾猴、木鹿、黄腹角雉等珍禽异兽出没的地方。

五指峰还有一座瀑布，如同千尺素绢半空悬挂，在几千米以外就可眺见，并有流动感。五指峰瀑布是井冈山落差最大的瀑布。五指峰脚下有一群峦湖，犹如一轮明月映照在茫茫云海之中，为主峰景区增添了迷人色彩。

五指峰下的龙庆河盛产"井冈三石"：石鸡、石鱼、石耳。整个保护区春季峰峦叠翠，鸟语花香；夏末蛙蝉齐鸣，悦耳动听；秋日红叶映日，层林尽染；冬天银装素裹，冰晶似玉。

在一片杜鹃密林处，有几块巨石，前后斜立，形态酷似黑框金蟾，日夜抬头望天，人们称其为"金蟾望月、蛤蟆叫天"石，是笔架山美景之一。

在"金蟾望月"石的对面生长着一丛丛高山杜鹃林，林中则不时有黄莺飞出落在石上高歌，金蟾张开大口像是吹响了革命的集结号，杜鹃林也像是被唤起的千百万工农。在"金蟾望月"石的西边有几块较大而平整的石头。

大井周围的群山，横看成岭侧成峰，松峰顶篁交翠，古树成林，溪涧流泉清冽，石鱼历历可数，美味的石鸡、珍稀保护动物娃娃鱼也分布于此。

当地居民的住宅则环境清幽，建筑风格古朴，和周围环境相映成趣，看到的是一幅高山田园画，听到的是一首高山田园诗，耳目自然为之一新。

黄洋界居高临下，扼居山口，形势险要，当地群众称之为摩天岭。在这里放眼四望，群山起伏，层层叠叠，白云翻腾，犹如汪洋大海。当年的哨口工事和上山小路还依稀可见。

杜鹃山主要由中峰、西峰、东峰三大峰组成。远望犹如古代的笔架，故名笔架山。整座山峰雄伟壮丽，葱茏峻拔，逶迤奇险，风光秀丽。笔架山上素有"十里杜鹃十里松"的说法。沿着杜鹃长廊走，有成片的台湾松。这些松树平展、刚劲、挺拔、卷曲、盘旋，似凤凰归巢，如飞龙入海，有的像蘑菇，有的似大、小松岛，更是奇松集中的景点，一棵棵青如巨龙起舞，凌空飞腾。

拓展阅读

据说，以前有一对神仙男女，看到人间男耕女织，夫妻和睦相处，于是就动了下凡的念头，他们趁王母娘娘在瑶池举行蟠桃宴会的机会去偷莲种，当仙男带着水珠宝和莲种准备逃出瑶池时，被管理莲塘的仙女发现了。

王母娘娘知道后，便派出十八路神兵神将逢路拦截。仙男见此情况，知道交出宝花神种，能免一死，但他面对死亡，毫无惧色，将宝花神种撒向凡间，因为莲盘是撒在井冈山这块地方，所以，现在的井冈山就像一朵盛开的绿色莲花。

避暑胜地——庐山

庐山，位于江西省九江市庐山区内，九江县以南，星子县以西，是世界级名山。庐山地处江西省北部，东偎婺源鄱阳湖，南靠南昌滕王阁，西邻京九大通脉，北枕滔滔长江，耸峙于长江中下游平原与鄱阳湖畔。

庐山多峭壁悬崖，瀑布飞泻，云雾缭绕。山体呈椭圆形，犹如九叠屏风，屏蔽着江西的北大门。以雄、奇、险、秀闻名于世，素有"匡庐奇秀甲天下"之美誉，与鸡公山、北戴河、莫干山并称"四大避暑胜地"。

巍峨挺拔的青峰秀峦、喷雪鸣雷的银泉飞瀑、瞬息万变的云海奇观、俊奇巧秀的园林建筑，一展庐山的无穷魅力。大江、大湖、大山浑然一体，雄奇险秀，刚柔并济，形成了江西罕见的壮丽景观。

庐山是一座地垒式断块山，外险内秀。具有河流、湖泊、坡地、山峰等多种地貌。庐山奇特瑰丽的山水景观具有极高的科学价值和观赏价值。

庐山夏季凉爽，云海弥漫，良好的气候和优美的自然环境，使庐山成为世界著名的避暑胜地。庐山的主要景点有牯岭、汉阳峰、锦绣谷、仙人洞、秀峰、大天池、五老峰、庐山瀑布和庐山云雾等。

牯岭是庐山的中心，三面环山，一面临谷，是一座桃源仙境般的山城。牯岭原名牯牛岭，因岭形如一头牯牛而得名。

这座钟灵毓秀的山城，以牯牛岭为界分为东西两谷，地势平坦，峰峦葱茏，溪流潺潺。青松、丹枫遮天蔽日。近千幢别墅依山就势而筑，高低错落，潇洒雅致，点缀在万绿丛中，与周围环境十分和谐，为国内少有的高山建筑景观。

汉阳峰是庐山第一高峰。据说，在月明风清之夜，站在峰巅上，可观汉阳灯火，故名。汉阳峰峰巅上，有一方形石台，名为禹王台，为大禹治水登临处。每当晴天一碧，万里无云，登此台眺望，江汉倒悬，大有"一览众山小"之慨。

汉阳峰南为紫霄峰、东北有小汉阳峰。西北乃一峡谷，系张性断层，是庐山较大的山谷之一，名"康王谷"，相传晋著名诗人陶渊明的千古佳作《桃花源记》中的"桃花源"就是以此谷为原型。谷的末端有一飞瀑，史载"谷帘泉"，传说诸葛亮见此瀑，大为惊叹。

锦绣谷是自天桥至仙人洞一段秀丽的山谷。相传为晋代东方名僧慧远采撷花卉、草药处。这里四季花开，犹如锦绣，故名。

北宋文学家王安石诗写道：

还家一笑即芳晨，好与名山做主人。
邂逅五湖乘兴往，相邀锦绣谷中春。

　　仙人洞为庐山著名景点之一，位于锦绣谷的南端，有参差如手的"佛手岩"。在佛手岩的覆盖下，一洞中开为仙人洞。洞高、深各约10米，幽深处有清泉下滴，称"一滴泉"。

　　洞中央"纯阳殿"内置吕洞宾石像，传说八仙中的剑仙在此修道成仙。每当云雾缭绕之时，骤添几分仙气。至清朝，佛手岩成为道家的洞天福地，便改称为"仙人洞"。

　　秀峰是香炉峰、双剑峰、文殊峰、鹤鸣峰、狮子峰、龟背峰、姊妹峰等诸峰的总称。鹤鸣峰下，原坐落着被称为"庐山五大丛林"之一的秀峰寺。秀峰寺原名开先寺，后康熙皇帝手书"秀峰寺"从此改为秀峰寺。

　　大天池位于庐山西部的天池山顶，南望九奇峰，下俯石门涧，东瞻佛手岩，西眺白云峰。二水萦回，四山豁朗。此处原建有天池寺，现已废。但原寺前呈长方形的水池，仍碧水悠悠，光灵如玉。

昔天池寺，寺西有一半月形的拜月台，因供奉文殊菩萨而得名"文殊台"。现存之台为石木水泥混合结构，石室五楹，上有平台。

登台眺望，山峦突起，群峰相连，远波明来，极富野趣。尤其是月色朦胧之夜，闲坐台上，眼前深谷中经常会出现点点如同灯光般的亮点，由少渐多，时大时小，时聚时散，时隐时现，闪闪烁烁，人称"佛灯"。

明代著名理学家王阳明就曾于一个月暗星稀的夜晚，卧此台上，看到了这样的奇异景象，并以诗纪之：

老夫高卧文殊台，拄杖夜撞青天开。

撒落星辰满平野，山僧尽道佛灯来。

天池山脊上耸立着一座宝塔，塔四周布满了漫山遍野的青松。微风起时，松涛起伏，它颇似一杆乘风破浪的船桅，荡漾在翠波碧浪之上。塔为一阁式石塔，五层六面，建于宋建炎年间。塔西有一石质方台，名天心台，为林森所建。台下有硕大卧石，平滑如镜，上镌"照江崖"字样。

五老峰地处庐山东南，因山的绝顶被垭口所断，分成并列的5座山峰，仰望俨若席地而坐的5位老翁，故人们便把这原出一山的5座山峰统称为"五老峰"。

庐山瀑布主要由开先瀑布、三叠泉、碧龙潭、黄龙潭和乌龙潭瀑布等组成的庐山瀑布群，被誉为我国最秀丽的十大瀑布之一。

开先瀑布位于山南地区，是庐山最有名的瀑布。因这里原先有开先古寺而得名。瀑分两股，东瀑在双剑峰和文殊峰之间奔流而下，由于崖口狭窄，瀑水散成数绺，形如马尾，故称马尾瀑。

西瀑从鹤鸣峰和香炉峰之间的高崖上下落，气势雄伟，名香炉瀑。两瀑会合于青玉峡，下注龙潭。

当年李白浏览至此，仰观巨瀑如从天而降，心神激荡，触景生情，写道："日照香炉生紫烟，遥看瀑布挂前川，飞流直下三千尺，疑是银河落九天。"传诵千古，使瀑布声名益著。

碧龙潭瀑布位于庐山牯岭的重岩幽林中，也即王家坡瀑布。这个瀑布是在20世纪20年代初由一个砍柴的樵夫发现的，此后人们争相观赏，被视作山北绝胜。

三叠泉位于五老峰下部，飞瀑流经的峭壁有三级，溪水分三叠泉飞泻而下，落差共155米，极为壮观。三叠泉每叠各具特色。

一叠直垂，水从20多米的巅背上一倾而下；二叠弯曲，直入潭中。站在第三叠抬头仰望，三叠泉抛珠溅玉，宛如白鹭千片，上下争飞；如抖腾长空，万斛明珠，九天飞洒。

碧龙潭的水来自梭子岗北麓，由于这里层岩叠石，水流一路逶迤环绕。在注入碧龙潭的上段，分成三屋挂瀑，而每层分为两条似白练般的悬瀑，连成数十米长，犹如双龙倚天，俯坠潭中。潭旁建有"观瀑亭"。在潭中还有一巨石横列，站在石上可东望鄱阳湖。

黄龙潭幽深、静谧，古木掩映的峡谷间，一道溪涧穿绕石垒而下，银色瀑布冲击成暗绿色的深潭。静坐潭边，听古道落叶，宿鸟鸣涧，自然升起远离尘世、超凡脱俗之感。大雨初过，隆隆不尽的闷雷回荡在密林之中。

乌龙潭原由3个大小不一的潭渊组成，古书中记载："乌龙潭凡三潭，中、上两潭皆高数十百丈，下潭稍平夷。"至今，只见一潭。潭水分5股从巨石隙缝中飞扬而下，短而有力，像是一把银锻的竖琴，在日夜拨动着琴弦。

庐山云雾景观是庐山一大奇景。由于庐山四面山岭耸立，南依鄱阳湖，北傍浩瀚的长江。大江大湖蒸腾大量不竭的水汽，形成滔滔的云雾涌向庐山，水汽一旦碰上空气中的尘埃，就成了小水滴。

数不清的小水滴就形成了美丽神奇的庐山云雾。因此山中云气出没无常，诸峰忽隐忽现。瞬息间云海密布，弥漫山谷，咫尺之间不能辨物。

当峡谷中向上吹的风力比水滴往下降的重力大的时候，水滴就随风往上飘了。这种"雨自下而上"的奇特现象就出现了。

春夏之交，由于水汽多，季风变换，群峰经常云遮雾罩，烟霞弥漫，天气忽晴忽雨，变幻莫测，云雾也诡谲奇特，变化多端，整个庐山隐现在虚无缥缈之间。

拓展阅读

传说早在周威烈王时候，有一位匡俗先生，在庐山学道求仙的事迹，为朝廷所获悉。

于是，周天子屡次请他出山相助，匡俗也屡次回避，潜入深山之中。后来，匡俗其人无影无踪，有人说他成仙了。后来人们美化这件事把匡俗求仙的地方称为"神仙之庐"。并说庐山这一名称，就是这样出现的。

因为"成仙"的人姓匡，所以又称匡山，或称为匡庐。到了宋朝，为了避宋太祖赵匡胤脱匡字的讳，而改称庐山。

东南自然名胜

  我国东南部濒临海滨，山因水而巍峨，水因山而秀美；山有状而水无形，山有头而水无尽。山是静止的，水则奔腾不息；水是永恒的蔚蓝，山则色彩绚烂。山水相依才有了大自然的明丽娇媚。

  我国东南部著名的自然名胜有罗浮山、西樵山、鼓山、清源山和鼓浪屿万石山等处，这些自然景区真是山清水秀，别有洞天，简直是人间仙境。

左海小庐山——鼓山

　　鼓山位于福建省福州市东郊、闽江北岸，是福州市最著名的风景区。鼓山山上胜迹众多，林壑幽美，引人入胜。

　　鼓山景区以古刹涌泉寺为中心，东有回龙阁、灵源洞等景；西有洞壑数十景，其中以十八景尤著；南有罗汉台、香炉峰等；北有大顶峰、白云洞等。这些景点主要由花岗岩经长期剥蚀、风化、崩塌、堆积而成，千姿百态，构成蟠桃林、刘海钓蟾、玉笋峰、八仙岩和喝水岩等自然景观。

登山古径是古时登鼓山之道。从山麓下院登上2000多级台阶，经过"七亭七里路"就可到达涌泉寺山门。

第一亭是"东际亭"，过廨院即是东际桥，桥上过亭就开始登山。上99级石阶至"仰止亭"。此后途中岩石上有诸多字刻可观。

第二亭是"石门亭"，由于此处溪水淙淙不绝于耳，故古名为"听涛观瀑亭"。

第三亭"乘云亭"，沿道有石刻"乘云"、"仰涛"、"小鼓"、"天风吹梦"、"风怒涛飞"等。

第四亭叫"半山亭"，由第三亭至此，共有494级台阶，因亭在半岭，因此得名。过此亭百余阶，有石刻"路通仙苑"，转小径可达

"十八洞景"。"半山亭"后有石刻"桃岩洞口",往东可到桃岩洞,桃花精舍。

第五亭是"茶亭",因亭附近有茶园而得名。道边有石刻"欲罢不能"、"宜勉力"等。据说清乾隆时福州知府李拨登山至此,气喘吁吁。往上走,力有不逮;往回走,心不甘愿。遂题字"欲罢不能"于亭旁大石上。

第六亭是"松关亭",附近有石刻一笔"寿"、一笔"龙"、一笔"虎",还有文天祥所书的"忠、孝、廉、节"等。

第七亭是"更衣亭"。过"松关亭"几十步即是。传说闽王当年上山入寺在此更衣。登山至此,汗流浃背,而高处生寒,正需更衣、添衣。

摩崖题刻是鼓山的一大特点,比比皆是,其中不少是历代名人的题刻。据统计,鼓山的摩崖题刻不下300余处,宋代的题刻就达100得处,这说明早在宋代,鼓山就是文人达官赏览胜景的所在。

现存题刻最早的是灵源洞东壁1046年蔡襄等人的题名,其文道:

"邵去华、苏才翁、郭世济、蔡君谟庆历丙孟秋八日游灵源洞。"

蔡君谟即蔡襄，时任福州知州。蔡襄是宋代四大书法家之一。在一处壁上刻有"忘归石"3个大字，笔力遒劲，也是蔡襄所书。蔡襄的这些题刻，被认为是书法艺术的珍品。

南宋著名理学家朱熹也在鼓山留下了字迹，大顶峰磐石上的"天风海涛"4个大字即为朱熹所书。朱熹还写了一巨大"寿"字刻在喝水岩石壁上，是福建摩崖石刻中少见的大字。

清朝道光年间诗人魏杰，根据这里的自然景物和民间传说，整理编写成《十八景》，刻于达摩洞外的一面岩壁上，它们分别是达摩面壁、南极升天、仙猿守峡、古鹤巢云、仙人巨迹、福寿全图、蟠桃满坞、玉笋成林、蚁蜓渡潮、渔灯普照、狮子戏球、金蟾出洞、伏虎驮经、神龙听法、铠甲卸岩、慈航架鏊、八仙岩洞、千佛梵宫。

倚靠木质栏杆极目远眺，榕城夜景尽收眼底，阵阵凉风吹来，令人仿佛置身仙境，这是鼓山十八景新建的观景台。观景台建在鼓山上，与姐妹楼毗邻，采用进口铁杉经防腐处理搭建而成，古色古香，结实美观。

涌泉寺山门东边，有一石砌拱门，上书"灵源深处"。傍崖而下石阶，中裂一洞，有似石洞，故名"灵源洞"。因为"喝水岩"石刻，这一带又统称"喝水岩"。

白云洞位于鼓山西北风池山西侧，因洞在海拔700多米处，常常是"白云混入、咫尺莫辨"，故称"白云洞"。

磨溪景区位于福州市鼓山东侧快安村。原名龙溪，发源于鼓山，因水源丰富，清道光年间全盛时沿溪处处磨坊，故名"磨溪"。

溪水时而曲折迂回，时而直泻而下。"人在石上走，水在石下流"。溪中大大小小岩石，被溪水冲刷得干干净净，不停的流水随着不同落差，发出各种响声，有琴声、锣声、鼓声等。尤其龙潭深邃，水色透明，泉水从高处落下，响声更加清脆。

顺溪进山，两山对峙，东边山上高山寨和茶园像是世外人家。对岸溪中一岩石宛如一顶纱帽，其上一棵榕树，枝叶茂盛，叫"纱帽潭"。东边另一条小溪，泉水不断地从高山寨流下，经过重重叠叠岩层，构成优美的画面。磨溪西侧，路旁有一组岩石构成的山洞，上刻"龙溪古迹"。洞口上方刻有"无为而成"。

横穿过磨溪，一条小路可上山坡，路旁一块岩石像青衣学士拱手溪边，岩石上刻着"南宫拜石"。溪旁还保留一块磨盘石，这是从前放水轮车的地方。后来这里修起了拦水坝，成为一个小水库。

如今，磨溪已成为福建省最成熟的户外自然岩壁攀岩场，可以说，福州磨溪景区是全国为数不多的成熟天然攀岩场所。

涌泉寺位于鼓山之上，仍保持着明清的建筑风格。寺依山傍谷，槛廊连缀，25座大小殿堂簇拥着大雄宝殿。大雄宝殿巨柱耸立，飞檐凌空，雄伟辉煌。殿内释迦牟尼三世佛不着梵服，只披汉装，端坐其中；两旁十八罗汉神态各异，"法相庄严"。

在大殿后侧，有尊"三圣像"。像前有一张桑丝木制成的长桌，据说历经多次火劫，至今仍完好如初，被称为镇寺之宝。

涌泉寺曾为我国寺院的一所重要经书出版机构，现在仍保留有明末清初及近代的各种雕版20000多块。寺内的藏经殿，存有古版印刷的各类佛经，手抄经书及用血书写的《大乘般若波罗蜜多》经。

藏经殿正中有一座释迦如来灵牙舍利宝塔，塔中仅存3颗舍利子与佛牙。在塔的背后安放着一尊缅甸送来的汉白玉卧佛像，佛身匀称，体态安详，作睡卧状，据说这就是释迦牟尼圆寂时的形态。现放生池内放养着上百只乌龟和红鲤鱼，最大的龟有上千年龟龄了。放生池内还塑有一尊高大的滴水观音菩萨像，观音手中圣水瓶可流出圣水。

拓展阅读

传说很久以前，鼓山原叫"白云峰"。有一天，天空忽然乌云密布，云层中蹿出一条恶龙，闯进山上的灵源深洞，从此祸害不断发生。村上有一对平时练武的年轻夫妇，他们见恶龙出洞，为了保护乡亲，丈夫挥动日月宝刀，妻子掣起鸳鸯宝剑，朝着恶龙猛扑过去。

就在这时，那位挥剑的妻子生下一个男孩。恶龙饿得慌，正要扑吃婴孩，突然天外传来喝声："休得作孽！"

恶龙抬头一看是南海观音，连忙逃进了灵源洞。

观音要赶着赴蟠桃会，无暇停留，只好抱着小孩匆匆走了。不觉23年过去了，小孩皈依佛门，法号神晏和尚，当了雪峰寺主持。

神晏来到白云峰时，到处是荒山秃岭，一阵风过，山上岩石咚咚作响，所以白云峰后来被人们称为"鼓山"。

胜景天成——清源山

　　清源山位于福建省泉州北郊，是闽中戴云山余脉，峰峦起伏，岩石遍布，盎然成趣，多处胜景天成，为泉州四大名山之一。

　　清源山是泉州十八景之一，与泉州市山城相依，相互辉映，犹如名城泉州的一颗璀璨明珠，闪烁着耀眼的光芒。

清源洞是清源山风景名胜区的主要景点之一。清源洞位于清源山顶峰，系清源山三十六岩洞之首，时人称之为"第一洞天"。清源洞始建于南宋绍兴年间，有观空楼、佛祖殿、裴仙祠等建筑。

　　相传南宋绍兴年间，有裴道人因追赶一条伤害生灵的巨蟒到此，见巨蟒遁入洞中，遂覆以石，坐化于洞口，使巨蟒不能复出为祸，故此洞又名"裴仙洞"。洞顶岩石上山藤攀挂，古色苍然。

　　清源洞下方不远处，有明代抗倭名将俞大猷题刻。清源洞的左峰，也称东岩。其旁是遵岩，因唐代僧人可遵居此故名。可遵建有三塔，遗址尚存。

　　清源山属花岗岩地貌的山地丘陵，地势起伏、岩石突兀。地质结构是通过多次构造运动和岩体侵入所形成的，岩体外部呈黑褐色，岩层节理不发达，成土因质以坡积物居多，土壤为温润型；冬暖夏凉，气候温暖湿润。

百丈坪也称遵岩、星台岩。位于清源洞东南。明嘉靖初，少年王慎中曾在此读书，后登进士，为"嘉靖八才子"之首。明万历间，泉州太守姜志礼书"百丈坪"3个大字，十分壮观。

　　百丈坪坦平宽广，临风远眺，近山远水，无限空阔。晋水、洛江汇注东海，如双龙入海，气势非凡，每每红日东升，霞光万丈，气象万千，令人心旷神怡，美不胜收。

　　老君造像被列为全国重点保护文物，是我国道教石刻中独一无二的艺术瑰宝。老君造像原先有一座高大的道观围护，规模宏伟的真君殿、北斗殿等道教建筑颇为壮观，后来道观被焚毁，老君岩便露天屹立，与大自然混为一体。

　　老君造像是我国现存最大、雕技最绝、年代最久的道教石雕造像。最令人喜爱的是，石刻老君的神态和蔼可亲，目光深邃而睿智，满脸笑容，豁达大度，平易近人，充满了一种温馨的人情味，一点也没有道貌岸然、威严凌厉的神仙架势。那襟怀坦荡，笑口常开的神情，让人感到可亲可近。

千手岩又名观音寺，它是因为供奉观音像而得名。千手岩处在清源山的左峰，寺宇红墙素瓦，显得格外清新。大殿正中靠后供奉的是宋代石雕佛教创始人释迦牟尼坐像，石像工艺精湛，惟妙惟肖，是清源山宋代石雕艺术佳作之一。

石像前的千手观音塑像慈眉善目，神态极佳。两旁壁上的十八罗汉画像，神态各异，有呼之欲出之感。千手岩寺中常年暮鼓晨钟，香火不绝，寺前苍松翠柏，峰石嶙峋，别有一番情趣。

弥陀岩是清源山的精华之一，这里有流泉飞瀑、古树名木和庙宇石刻等自然景观和人文景观。清澈的泉水从50米高的陡壁上泻落，在青石上飞珠溅玉，充满了诗情画意，把人间的凡尘俗念荡涤殆尽。

在瀑布旁的这一棵由古榕和重阳木合抱成一体，造型奇特的附生树，如情深意笃的"天侣"，故美其名曰："天侣呈瑞"。看着它们如此亲密无间，如胶似漆，令人既惊叹又不由得浮想联翩，不少的文人墨客说它是陈三五娘留在故乡土地上的化身。

进入山门，只见飞瀑如练，从峭壁上凌空而下，卷起千堆雪，溅落万斛珠。弥陀岩的仿木石构石室，建于元顺帝年间。室内元代石雕阿弥陀佛立像，就天然崖壁雕琢而成，头结螺髻，足踏莲花，左手平胸，右手下垂，造型端庄大方，慈祥和善。

石室的上方，沿寻佛经拾级而上，在陡峭的石壁下，有清乾隆年间福建陆路提督马负书手书的"佛"字石刻，被誉之为闽海第一佛；著名书画家黄胄所书的"拜观"两字摩崖石刻，更是熠熠生辉，蔚为壮观。

石室前左侧的崖壁旁，有一巨石耸立，榕树攀升，古人镌有一啸台、云谷等石刻，人立其上，大有飘然欲仙之感。极目远眺，晋水逶迤，双塔凌空，古城新姿，尽收眼底。

石室的右下方大平台，是重建后的弥陀岩寺，寺中有大殿五观堂等，大殿为单檐歇山式建筑。殿内供奉阿弥陀佛、观音和大势至菩萨，为脱胎饰金佛像。

三世佛并排结跏趺坐于仰覆莲花座上，主像高些，左右两像稍低。佛像保存完好，皆为吐蕃式样：佛发螺髻，上置宝严。

面相上宽下窄，双耳垂肩，肩宽腰细，均着袒右肩袈，并以袈裟一角搭于左肩上。衣纹用凸雕线条表示，虽历经沧桑而线条依然明显。石像均有圆形头光及身光。

中尊为释迦像，又称现在佛，主司现在的世界，其造像作触地印之魔相，一手向下抚地，一手向上。

左尊称为药师佛，即过去佛，主管过去的世界。他也是一手向下，一手向上，只是左掌托钵。

右尊叫弥陀佛，是未来佛，做施定印之禅定相，即双手交叠置于腹部。险要的地势，精湛的技术和迥异的形状，无不让每一个参观者啧啧称奇。

南台岩则如"空中楼阁"，巨石高耸，视野旷远，左抱大海，右带金溪，晋水横波，古城在抱，紫帽凌霄峙其前，东西两塔拜其下，是"山海大观"意境区中一处妙夺天工的奇景。

1952年在清源山风景名胜区弥陀岩西侧兴建"弘一大师之塔"，塔内安放着大师的舍利子。石塔建筑材料取材于驰名的泉州白花岗岩，经过精雕细作，使整座石塔具有闽南地方仿木石构的建筑特色，塔内顶部为蜘蛛结网的藻井仿木斗拱结构，层层叠起，以增大塔内的空间效果。

弘一大师舍利塔左侧摩崖上有中国佛教协会原会长赵朴初"千古江山留胜迹，一林风月伴高僧"的石刻。右侧为曾任新加坡佛教总会主席广洽、广净法师舍利塔。

由于弘一大师在美术、金石、书法、音乐、佛学等方面的高深造诣，因此与太虚、印光并称为近代三大高僧。他流传在泉州的墨宝甚多，舍利塔前的"悲欣交集"系其生前最后遗墨。

清源天湖既是蓄水工程，更是景观工程。大坝雄伟壮观，水面波光粼粼，湖畔山峰林木倒映湖中，蓝天白云，湖光山色，交相辉映。

瑞像岩是清源山风景名胜区"幽谷梵音"意境区内的主要景点之一。矗立在天柱峰上的瑞像岩石室，创建于宋元祐二年也就是1088年，初为木构， 1483年间改为仿木石构建筑。

石室内的宋代石雕释迦瑞像，以天然崖壁雕琢而成，做立状。佛像庄严大方，端庄慈祥，雕工精湛，是我国古代建筑和佛教石雕艺术的重要实物资料。

与天柱对峙的罗汉峰，怪石嶙峋，千姿百态，犹如一尊尊威武的罗汉，惟妙惟肖，栩栩如生，构成"五百罗汉"朝释迦的神奇景观。

穿过石室左侧的崖洞，豁然开阔，只见3块巨石恰似3条大蟒蛇，伸头出洞，故谓"三蟒出洞"。古时在山崖的平台处，建有"望州亭"，可俯瞰古城胜景。崖壁上显眼的"忘归"石刻二字，道出了如此美妙的自然景观和人文景观，使人流连忘返。

灵山圣墓是我国现存最古老、最完好的伊斯兰教遗迹，在清源山风景名胜区灵山景区内。

据明代何乔远《闽书》记载，唐武德年间，穆罕默德遣四贤徒来华，一贤传教广州，二贤传教扬州，三贤沙仕谒，四贤传教泉州，卒葬灵山。

墓上刻伊斯兰教常用的"云月"图案或《古兰经》片段。墓前放有一天然巨石，风吹欲动，手推能晃，故称"风动石"，明代泉州知府周道光题刻"碧玉毬"3个大字。

碧霄岩分为上、下碧霄。从入口处仰视，碧空如线，又称"小有天"，洞旁的岩壁上刻有"透碧霄"3字。由洞口顺梯而下，便进入下碧霄。

这里有元代藏传佛教 "三世佛、碧霄岩"石雕造像，南侧有"广钦老和尚塔院"，塔内安放着老和尚的舍利子。在塔院上方的摩崖上，雕刻有"广钦老和尚坐禅伏虎"浮雕，更具神奇的色彩。

拓展阅读

　　神话传说老君是天宫中的老顽童，常常趁天庭无事时偷偷溜出去欣赏人间的风光。

　　一天，老君又偷偷溜到人间来到泉州清源山观景。当他被如诗如画的山景完全陶醉时，他看见一个大火球朝人们扑去。老君使出了绝招，猛打了一通，将火球打回原形逃之夭夭了。

　　他为了火精不再来骚扰人民，便舍身化成一尊神像，守镇清源山脚下，清源山的人们十分感谢敬佩老君，便将这座神像称作老君岩。

奇秀甲东南——武夷山

　　武夷山风景区位于福建省武夷山市南郊，武夷山脉北段东南麓，是我国著名的游览胜地。武夷山是福建第一名山，属典型的丹霞地貌，素有"碧水丹山"之美誉。

　　武夷山地处中亚热带，境内群山重叠，海拔1800米以上的山峰多达30余座，形成天然屏障，冬季可阻挡或削弱北方冷空气的入侵，具有降水量多，湿度大，雾日长，垂直变化显著等气候特点。

武夷山四季气温较均匀，温和湿润。夏季虽然气温偏高，却是万物生长最为茂盛、武夷山自然风光最具特色之时。

武夷山西部是全球生物多样性保护的关键地区，分布着世界同纬度带现存最完整、最典型、面积最大的中亚热带原生性森林生态系统。

东部山与水完美结合，人文与自然有机相融，以秀水、奇峰、幽谷、险壑等诸多美景、悠久的历史文化和众多的文物古迹而享有盛誉；中部是联系东西部并涵养九曲溪水源，保持良好生态环境的重要区域。

武夷山风景名胜区属典型的丹霞地貌，发育典型的丹霞单面山、块状山、柱状山临水而立，千姿百态。"三三秀水清如玉，六六奇峰翠插天"构成了奇幻百出的武夷山水之胜。

黄岗山属武夷山自然保护区的核心区。黄岗山主峰是我国东南最高峰，号称"华东大陆屋脊"。由于山势陡峭，群峰林立，该地区常年云雾缭绕，雨量充沛，气候温暖，形成了我国东南大陆面积最大、保存最完整的中亚热带森林生态系统。

九曲溪发源于武夷山森林茂密的西部，水量充沛，水质清澈。九曲溪流经中部的生态保护区，蜿蜒于东部丹霞地貌，在峰峦岩壑间萦回环绕。

九曲溪两岸是典型的单斜丹霞地貌，分布着众多峰岩，所有峰岩顶斜、身陡、麓缓，昂首向东，如万马奔腾，气势雄伟，千姿百态。

优越的气候和生境，又为群峰披上一层绿装。山麓峰巅、岩隙壑嶂都生长着翠绿的植被，造就了"石头上长树"的奇景，构成了罕见的自然山水景观。

曲折萦回的九曲溪贯穿于丹崖群峰之间，如玉带串珍珠，将峰、岩连为一体。山临水而立，水绕山而行，峰岩高低、河床宽窄、曲率大小、水流急缓等都达到绝妙的程度，构成"一溪贯群山，两岩列仙岫"的独特美景。

这些遗存星罗棋布，如璀璨的宝石，镶嵌于武夷山的溪畔山涧、峰麓山巅、岩穴崖壁之上，将古人的智慧、先哲的思想、人民的劳动融于自然山水之间，为武夷山增添了浓郁的文化气息，达到天人合一的境界，给人以浑然天成的和谐美感。这在我国的诸多景观中是极为罕见的。

水帘洞为武夷山著名的七十二洞之一，位于章堂涧之北。进入景点处，有一线小飞瀑自霞滨岩顶飞泻而下，称为小水帘洞，拾级而上，即抵水帘洞。洞顶危岩斜覆，洞穴深藏于收敛的岩腰之内。

洞口斜向大敞，洞顶两股飞泉倾泻自百余米的岩顶，宛若两条游龙喷射龙涎，飘洒山间，又像两道珠帘，从长空垂向人间，故又称"珠帘洞"。

水帘洞掩映着题刻纵横的丹崖。其中有撷取朱熹七绝的名句"问渠那得清如许，为有源头活水来"的篆体字。有明代景点题刻"水帘洞"以及楹联石刻"古今晴檐终日雨，春秋花月一联珠"。

水帘洞不仅以风景取胜，又是武夷山道教圣地，古来道观多择此构建，为山中著名的洞天仙府，又称"唐曜洞天"。洞室轩宇明亮，洞底岩叠数层，呈长条形，设有石桌石凳，供人休憩。

洞沿设石栏护卫，凭栏可尽赏洞外飘洒飞散的水帘。透过明亮的水晶珠幔，还可观赏山中盆景式茶园胜景。

武夷山国家森林公园龙凤谷、翡翠谷、神秘谷三大峡谷并存。森林公园山奇、瀑美、水秀、林幽，集多种自然景观于一体。

龙凤谷是一个奇特的瀑布群景观。奔腾似黄河之水天上来的玉龙瀑布，雍容高洁、蹁跹优雅的孔雀瀑布，黄如缎锦、富贵奔放的黄龙瀑布，彤红热烈、执著豪迈的丹凤瀑布，其间夹杂着许多小瀑和跌水，身处其中，目光所及之处，都有它们的身影。水声或激越或柔和，总会在有意无意叩击着你的心扉。

翡翠谷集中了森林公园的主要景色。翡翠溪绿如翡翠，溪中有莹绿深沉的翡翠潭、神奇罕见的鸳鸯瀑布、活灵活现的鳄鱼潭，水中都蓄满灵秀，晶莹剔透，翠绿诱人。

这里奇峰高耸，气势磅礴、红艳绵延的太阳山大赤壁，猕猴之乡的花果山，威严壮观，直插云霄的圣旨峰，翁郁挺拔的蟠龙山，山山相连，峰峰叠翠。

翡翠谷的森林原始而深幽，枯藤老树之间，一片原始气息。当朝曦初露，霞光万道，在蟠龙山、圣旨峰、九重天观日出是一种最美的享受，云蒸霞蔚之中，山不转水转，云不转山转，如蓬莱仙境。

翡翠谷的象形石头也是一道独到的景观，龟背石、鳄鱼石、母子情深、猪首石、青蛙石等，把原始森林公园装扮成了一个天然的动物园。这里是五彩的世界，富贵的金银池，缤纷的五彩池，掩映在青山绿水之间，当秋天来临，漫山红遍，别有一番韵味。

神秘谷是森林公园最为幽深的峡谷。原始森林和无边竹海簇拥着神秘本色的大峡谷，两岸是大片原始林和次生林，峡谷幽深，山重水复，十里山水画廊，是森林探险的好去处。

山色朦胧中，梦幻池泛着多彩的波光，如梦似幻，神秘率真，灵动的大小龙潭在大山之间舞动着青春的活力，阐释着生命的伟大。

森林区内动植物资源丰富，其中有名贵的红豆杉、鹅掌楸、香果树；有珍稀的白鹇、黄腹角雉、穿山甲等。神奇的原始森林使园内空气清新，是天然的氧吧。

武夷大峡谷拥有青龙大瀑布景区及大峡谷漂流两大项目，青龙大瀑布位于武夷山大峡谷公园西侧，瀑布周围森木茂密，水源十分丰富，深谷绝壁上；堪称"华东第一漂"的大峡谷漂流河床属桐木溪的一段，该溪为九曲溪的源头之一，是武夷山最清澈最纯净的水源。

天游峰位于九曲溪六曲溪北，景区中心。每当雨后乍晴或晨曦初露之时，登峰巅，望云海，犹如大海的波涛，变幻莫测，宛如置身于蓬莱仙境，遨游于天宫琼阁，故名"天游"。

天游峰有上、下之分，一览亭左方，是为上天游；沿胡麻涧一带，是为下天游。

上天游的一览亭，濒临悬崖，高踞万仞之巅，是一座绝好的武夷山水观赏台。从这里凭栏四望，云海茫茫，群峰悬浮，九曲蜿蜒，竹筏轻荡，武夷山水尽收眼底，令人心胸开阔，陶然忘归。

下天游的南端建有天游观、仙凡客馆、妙高山庄等，天游观后的妙高台上，有一棵罕见的红豆树。蜿蜒南来的胡麻涧，在妙高台西面奔泻而下，飘逸潇洒，形成了著名的雪花泉景观。涧旁的石壁上，有历代摩崖石刻多处，琳琅满目，美不胜收。

拓展阅读

相传当年朱熹在隐屏峰下的武夷精舍讲学，著书立说。一天夜里在天游峰下的小亭子里面一人对月饮酒，这时出现一个妙龄女子与之对饮相伴。

日久天长，两人过起了恩爱生活。其实妙龄女子名叫丽娘，是狐狸修炼千年的化身。后来有一对乌龟精，嫉妒丽娘的法力，于是就趁丽娘外出时候，跟朱熹说出了实情。朱熹夜里假寐，后来看见丽娘的鼻前挂着一双晶莹剔透的玉箸。

在外看热闹的老乌龟夫妇窃笑，朱熹闻声而至，急忙落荒而逃。朱熹愤然拿起桌上的毛笔，点过去。于是就有了在九曲溪畔的"上下水龟"。而丽娘也跑了，朱熹非常后悔，在后面一直追着，可是已经无法挽回了。

海上明珠——万石山

    鼓浪屿万石山风景名胜区主要包括海域、鼓浪屿、万石山和海滨风景区等主要部分，总面积达245平方千米，性质定为海岛环抱、山岩奇特、沙滩广阔、城景相依所构成的具有亚热带风光的国家级海滨风景名胜区。

鼓浪屿位于厦门岛西南隅，隔鹭江与厦门岛相望。四面碧海环绕，岛上气候宜人，四季如春，鸟语花香，素有"海上花园"之称，又有"万国建筑博览"、"钢琴之岛"、"音乐之乡"的美誉，宛如一颗璀璨的"海上明珠"，镶嵌在厦门海湾的碧海绿波之中。

宋时鼓浪屿原名圆沙洲、圆洲仔，因岛西南有一海蚀岩洞受浪潮冲击，声如擂鼓，自明朝演化为现在的名字。

鼓浪屿周边海域为厦门港主要部分，紧临中华白海豚保护区、文昌鱼保护区、大屿岛白鹭保护区，与金门列岛隔海相望。登高远眺，鼓浪屿全景及周边美景尽收眼底。

厦门属亚热带海洋性季风气候，温暖湿润，光热条件优越，日照特别长，一年四季，花木繁茂。

日光岩俗称"岩仔山"，别名"晃岩"，相传1641年，郑成功来到晃岩，看到这里的景色胜过日本的日光山，便把"晃"字拆开，称之为"日光岩"。日光岩由日光岩和琴园两个部分组成。日光岩耸峙于鼓浪屿中部偏南，是由两块巨石一竖一横相叠而立，成为龙头山的顶峰，为鼓浪屿最高峰。

站在日光岩山门处，看到一块高40多米的巨岩，凌空而立，在那巨岩峭壁上，有"天风海涛"4个字横书，其下还有两行大字题刻，右侧为"鼓浪洞天"，左侧为"鹭江第一"。

前者是1573年江苏丹阳人丁一中所书，这是日光岩最早的题刻。后者是清道光年间福建长乐人林针所写，两者靠近，字迹相当，林针署名特别大，游人常误为两者皆是林针所题，其实后者比前者晚刻200多年。

菽庄花园坐落在鼓浪屿港仔后，建于1913年，主人林尔嘉，又名叔臧，园名即他的名字谐音而命名。甲午战争后，林维源及其子叔臧不愿当亡国奴，从台湾迁到鼓浪屿居住。其后，叔臧建了这座花园。

菽庄花园依海建园，海藏园中，傍山为洞，垒石补山，与远处山光水色互为衬托，浑然一体。所造楼台亭榭不一其形，迤桥低栏，形若游龙。园内看海，波浪拍岸，倚栏远眺，极尽山海之致，复有岩洞之幽，鲜花满径，绿树成行。

菽庄花园以有限面积，造无限空间，以小见大，耐人寻味。庭院本来以静为主，但眼前波涛拍岸，浪花飞溅，形成静中有动，动中有静，动静对比，相得益彰，珠联璧合，妙趣横生。

皓月园位于鼓浪屿东部的覆鼎岩海滨，占地30000平方米，沿鹭江之滨铺开，这是以海滨沙滩、岩石、绿树、亭阁展布的庭园。

皓月园内有一座郑成功及其部将的巨型铜雕像。这座巨型铜雕，图幅宽广，颇引人注目。园内更突出的是矗立在覆鼎岩上的郑成功巨型花岗岩雕像，十分威武。

古避暑洞是个很有特色的山洞，两旁石壁支起从天而降的花岗岩巨石，给人泰山压顶之感，十分险峻。上面"古避暑洞"4个字是清末台湾文人施士洁题写的。石洞明亮干燥、通风清爽。

穿过古避暑洞，向左拐，有一座窈窕小亭，撑起细细腰骨，把岩石当做凉台，名叫"伞亭"可供人遮阳避雨。

石洞旁边的岩石顶，有一个仙人洗脚的石盆，长年累月盛着水，一旁还有仙人的脚印。其实，"仙人印"、"洗脚盆"都是由于海浪冲蚀而成的海蚀地貌。

龙头寨门是郑成功当年屯兵鼓浪屿的"龙头山寨"的寨门，岩石上的圆孔是士兵搭架帐篷开凿的。郑成功纪念馆是为纪念郑成功收复台湾300周年而创设。郑成功纪念馆展出各种文物、资料、照片、模型等300余件。

伴着鼓浪屿的海浪声，30台古钢琴静静地站在充满典雅气氛的陈列室中，让带着惊奇眼光的参观者，发出阵阵赞叹，那里就是鼓浪屿钢琴博物馆。

博物馆里陈列了爱国华侨胡友义收藏的40多架古钢琴，其中有稀世名贵的镏金钢琴，有世界最早的四角钢琴和最早最大的立式钢琴，有古老的手摇钢琴，有产自100年前的脚踏自动演奏钢琴和8个脚踏的古钢琴等。

百米高台为日光岩顶峰，加上圆台，号称"百米高台"。沐浴天风，倾听海涛，眺望远处，水天一色，令人忘却人世烦恼。从高台上看脚下的鼓浪屿，各种风格的建筑错落有致，好像从这钢琴之岛上弹奏出来音符，凝固成一曲最浪漫的旋律。

从19世纪中叶起，伴随着基督教的传播，西方音乐开始涌进鼓浪屿，与鼓浪屿优雅的人居环境相融合，造就了鼓浪屿今日的音乐传统，培养出一大批杰出的音乐家。

三一堂的建筑独具一格，呈"十"字立体式的罕见造型，四方八面排水的黄瓦屋顶上，居中矗立着八角钟楼，顶尖的十字架高耸云天。红墙装饰着流畅的三角形线条，四面敞开12道大门、16扇窗户极为宽大，具有通风、采光、疏散的实用特点。

海天堂构位于鼓浪屿福建路38号，"海天堂构"老别墅是中西方文化结合的典范之作。门楼是典型中国传统式样，重檐斗拱、飞檐翘角。前后两侧的楼宇，普遍采用古希腊柱式，窗饰大都为西洋风格，但墙面与转角又是中国雕饰。

万石山在厦门市区东部狮山北麓，紧依厦门市区，景区内山山相连、山水相依、峰峦起伏、景色奇秀，浓荫蔽天，幽静清雅。主要景点有万石岩、太平岩、醉仙岩、厦门园林植物园、和虎溪岩等。

万石岩在万石水库以南，举目皆石，大小重叠，有的危如累卵，有的稳如泰山，连绵延亘，象鼻峰则像一头大象朝天伸着长长的鼻子。古人石刻"万笏朝天""石浪排空"生动地描写出万石岩的奇景。

太平岩在万石岩上方，林壑幽美。建于唐代的太平岩寺几度兴废，现存寺庙是仿照原样重建的，有正殿、偏殿。殿前的楼阁称"蟾宫"，现为"茶人之家"，供人们品茗。

寺庙附近有4块岩石构成形态像开口欢笑的景观，上题"石笑"两字，还有古人诗刻。

醉仙岩在万石湖西南山上，与万石岩遥遥相对，因山势如仙人醉倒，故名。岩顶巨石则像一只蹲着的骆驼，故称为"骆驼峰"。醉仙岩有醴泉洞、天界寺、黄亭、长啸洞、旷怡台等景点。

天界寺始建于清初，旧时寺中每天拂晓要敲钟108响，声浪远播，扣人心弦，人称"天界晓钟"，寺因此得名。

长啸洞为临近绝顶的一个天然岩洞，站在洞口高声一呼，山鸣谷应，余音不绝。岩顶是旷怡台，在台上放眼四望，青山碧海，一览无余。

虎溪岩的景点命名借用庐山的"虎溪三笑"典故。东晋时，慧远和尚等人在庐山东林寺结白莲社，慧远每次送客都以不过溪为约，否则虎就吼叫，故名虎溪。

从"先露一芽"的石刻旁拾阶而上，满山岩石，大若虎踞，小如羊蹲，奇险天成，石壁上刻着"渐入佳境"4字。登上一块巨石之顶，就可以看到一条3米宽的石沟，这就是虎溪。溪上架着弓形石桥，即渡虎桥，又称"仙人桥"。

过桥可以看见巨石上刻着"三笑"两字，三笑石后为东林寺，是明万历年间厦门诗人池显方所建。因南面有玉屏山，又称玉屏寺。

寺右有夜月洞，又名伏虎洞，洞顶刻"啸云"两字，洞中泥塑老虎双目炯炯有神，虎溪岩因此成了当地人中秋赏月的最佳去处。

万石莲寺建于明末康熙年间，靖海侯施琅重建，大雄宝殿及禅室僧房与嵯峨巨石相映，清幽典雅。

万石植物公园是独具一格的公园和植物园的结合体，辟有棕榈、竹类、兰花、盆景、药用植物等20多个植物区、圃和展览室、栽培数以万计热带、亚热带植物，因富于科研成果而闻名海内外。

万石山中，有著名的厦门园林植物园，植物园园内设有松杉园、棕榈岛、玫瑰园、引种驯化区、药用植物园、多肉植物区、兰花圃等20多个专类园和种植区。已经引进热带、亚热带园林植物3000多种，其中有被人们称为"活化石"的水杉、银杏和世界三大观赏树中国金钱松、日本金松、南洋杉及其他奇花异草。

拓展阅读

1661年4月，郑成功经过充分准备，率战船数百艘，官兵25000人，从金门科罗湾出发，收复被荷兰侵占38年的台湾，并致力开发台湾。郑成功于1662年7月病逝于台湾，年仅39岁。

300多年来，闽台人民十分敬仰郑成功，尊他为民族英雄，台湾人民尊他为"开台圣王"。

中部自然名胜

　　我国中部气候温暖凉爽，优美逶迤的山岭，蜿蜒盘旋，犹如一条酣睡的巨龙。俯瞰足下，白云弥漫，环观群峰，云雾缭绕，一个个山顶探出云雾处，似朵朵芙蓉出水。

　　水，那么灵动清丽，泉水叮咚，小河潺潺，令人神往遐思，在青水绿水间总到找到最美的风景。其中著名的自然风景名胜区有鸡公山、大洪山、九宫山和临潼骊山等处，真是魅力无穷。

云中公园——鸡公山

　　鸡公山位于河南省信阳市境内，历史上与庐山、北戴河、莫干山并称我国"四大避暑胜地"。

　　早在1400年前的北魏时期，郦道元的《水经注》就有文字记载，其后众多名人骚客、达官显贵、富商巨贾也来此山游玩，文人们留下了大量的赞美诗篇。

　　鸡公山雄踞于武胜关、平靖关和九里关三关之间，山脚下的武胜关是我国历史上九大名关之一，它犹如一把石锁，将大别山和桐柏山锁扣成一体，形成江淮之间绵亘千里的天然屏障，战略地位十分重要。鸡公山有"青分豫楚、襟扼三江"之美誉，"佛光、云海、雾凇、霞光、异国花草、奇峰怪石、瀑布流泉"被称为八大自然景观。

鸡公山保护区位于桐柏山以东，大别山最西端，主体山系基本上分布在河南、湖北两省省界上，呈近东西走向。

南主峰报晓峰，又名鸡公头，北主峰为篱笆寨，西主峰为望父老，东主峰为光石山。

鸡公山保护区地处北亚热带的边缘，淮南大别山西端的浅山区。受东亚季风气候的影响，具有北亚热带向暖温带过渡的季风气候和山地气候的特征。这里四季分明，光、热、水同期。春季气温变幅大，夏季炎热雨水多，秋高气爽温差小，冬长寒冷雨雪稀。

鸡公山主体山系是近东西向或北西向延伸，地形总体上南高北低。主体山系是长江与淮河两大流域的分水岭，山系以北的东双河、九渡河汇入师河，复入淮河；山系以南的环水、大悟河汇入汉水，复入长江。鸡公山雨量充沛、泉源众多、水源丰富，俗有"山中一阵雨，林内百泉流"之说。

鸡公山保护区植被属亚热带常绿阔叶林区域的桐柏山、大别山山地和丘陵松栎林植被，具有北亚热带向暖温带过渡的性质。

森林植被明显呈乔、灌、草3层结构。乔木层通常可分为两个亚层，建群种和共建种为栓皮栎、麻栎、马尾松、化香、枫香、黄檀、五角枫等。

林下灌木层优势树种有山胡椒、盐肤木、白鹃梅、映山红、胡枝子、黄荆等。草本层优势种有求米草、大金鸡菊、羊胡子草、野苎麻、显子草等。

鸡公山地处大别山脉北坡，为亚热带向南温带的过渡地段。以亚热带植物成分为主，兼有暖温带的成分。植被地带性表现出典型的由北亚热带常绿阔叶林与落叶阔叶林地带向暖温带落叶阔叶林地带过渡的特征，是多种区系成分的交汇带。区内森林茂密、生物资源丰富。

鸡公山因其整个山势宛如一只昂首展翅、引颈啼鸣的雄鸡而得名。北魏郦道元的《水经注》称为"鸡翅山"，距今已有1400余年。明朝鸡公山和鸡翅山并呼。清代易名鸡公山，沿称至今。

鸡公山地处亚热带向暖温带过渡的地带，雨量充沛，气候湿润。气候特点是冬长夏短，春秋相当。夏季气候凉爽宜人，三伏盛夏，午前如春，午后如秋，夜如初冬。有"三伏炎热人欲死，清凉到此顿疑仙"之美誉。

鸡公山海拔并不高，但地理位置独特，两边峡谷深平，长年风生风息。鸡公山有高山气候，却无高山反应，特别适宜疗养避暑，对某些疾病如肺病、脚气病、心脏病、气管炎、高血压都有特殊疗效。

鸡公山的奇峰怪石，泉溪瀑布，珍花异草，山村田园和风韵殊异的楼台亭榭等诸多因素构成优美的自然风景区。

鸡公山素以"山明水秀、泉清林翠、气候凉爽、风景幽奇、别有天地"而驰名。海拔不高，但位置独特。鸡公山长年又被云雾所笼罩，被誉为"云中公园"。

鸡公山的奇峰怪石千姿百态，嶙峋嵾嵯，造化精灵，房在石上建，树在石旁生，草在石中长，花在石边开，泉在石下流，皆具怪、巧、奇、美的特点，与其他自然景观融为一体。

鸡公山四季景色，变幻动人，春夏秋冬，时移景异，神奇莫测。春天万木争荣，百花齐放，姹紫嫣红，蜂飞蝶舞，生机勃勃。夏天，满山葱茏碧绿，气候凉爽，云蒸雾绕，飘飘然犹如仙境。

秋天，山岭沟壑，红叶片片，银杏蜡黄，金桂飘香，不是春光，胜似春光。冬天，银装素裹，冰凌高悬，蓝天白雪，千树万树梨花开，一片北国风光。

鸡公山东沟瀑布群是以水景为主体的风景长廊，全长约10000米，姿色天成，野趣极浓。鸡公山在全国山岳型风景区中是数一数二的。鸡公山是南北方的分界线，还是亚热带和暖温带的过渡地带，南北植物均可在这里安家落户，有各类植物2000多种，其中仅中草药就占600多种，被称为"天然植物园"和"天然中草药园"。

当年李时珍千里迢迢来鸡公山采药，为《本草纲目》增添了丰富的内容。20世纪初，英美植物学家也曾在鸡公山研究培育植物，这里是生物工作者理想的科研和教学基地，是天然的绿色基因宝库。

鸡公山不但南北文化交融十分明显，而且更具有中西文化交融的内涵，山上先后建造起特色各异的洋楼别墅。这些多民族、多国别的建筑群落，分布在万绿丛中和秀峰之间，交相辉映，俨然是"万国建筑博览会"。

拓展阅读

传说天庭里的司晨神鸡，专管天明报晓，但有只司晨神鸡，认死理，脾气倔，好管闲事。

玉皇大帝听说此事后，招来诸神商量怎么处置司晨神鸡。太上老君说："炼一颗特别的仙丹，交给司晨仙官，命他暗暗放在食物中，让多嘴的司晨鸡一吃，剖开它的喉咙就发现了，保管叫它有口难言。"

司晨神鸡果然中计。玉皇大帝于是给他个罪名，打下凡间。司晨神鸡来到现在的鸡公山仍不屈服，从早到晚叫着要除害安良，被人们尊为鸡公。

清凉世界——大洪山

　　大洪山位于湖北省中部偏北，绵亘随州、荆门、钟祥、京山四市区，山势余脉延至宜城、枣阳地区，盘桓百里，山脉略成三角形。

　　大洪山山脉大部位于湖北省荆门市境内，主峰位于湖北省随州市随县境内。大洪山宝珠峰

　　大洪山宝珠峰是大洪山脉主峰，气势雄峻。山体由辉绿岩和变质砂岩构成。唐朝时期，山顶建有庞大的寺院。山顶由三峰连为一体，东北有鼓楼峰，东南有钟楼峰，西北有舍身崖。三峰居中有一片浅凹地，这里有一泉曰"黄龙池"，是一基岩裂隙泉，水质清醇甘爽，终年不涸。

大洪山分为随州风景区、京山风景区和钟祥风景区3个部分。景点性质分为地质、山石、植被、气象、瀑泉和人文等六大类。

其基本特点是山青林密、水秀洞丽、自然朴实、奥幽野趣、清静凉爽，具有观光游览、避暑度假、垂钓游泳、健身疗养、赏雪写生、科学考察等功能。

大洪山一名始见于《水经注》，《水经注》云"涢水出其阴，亦谓之涢山。"大洪山为汉江及其支流涢水分水岭。因古生代初为古扬子海，几经海侵，至三叠纪始最后成陆，燕山运动褶皱成山，呈西北至东南走向。

岩层以古老沉积岩为主，北部多为前震旦纪千枚岩、石英片及志留纪页岩构成，南部多为寒武奥陶纪灰岩构成，最南端有志留纪页岩分布。因长期侵蚀，地形破碎而低缓，除主峰在随县境外，大部分属中等切割的低山和丘陵。

地质历史时期大洪山地区曾发生过3次大规模火山爆发，大洪山火山地质遗迹和地质景观是南秦岭区与扬子板块地层、地质演化过程保留下来的重要资源，具有明显的区域性和独特性。

大洪山地处鄂中北，周围都是平原，从平原至山顶的垂直高度近1千米，这在湖北省独树一帜，可与泰山相媲美。

大洪山独特的地形地貌造就了独特的气候条件，这里气候温和，冬暖夏凉，具有"一山分四季，十里不同天"的气候特点。由于空气中富含氧离子，被人们誉为天然"氧吧"。

大洪山风景区动物资源丰富，现有兽类、鸟类、两栖动物及蛇类若干种。

兽类主要有金钱豹、草豹、班鹿、豺、山猫、狸子、羚羊、野猪、狍子、獐子、松鼠、猪獾、豺狼、黄羊、狐狸等；两栖动物主要有娃娃鱼、金钱龟等；鸟类主要有红嘴相思鸟、红嘴喜鹊、画眉、白鹭、八哥、绿头鸭、野鸡、啄木鸟等。

大洪山的树多为三楚大地土生土长的乡土树种，品种300余种。在这些树木中，有落叶乔木、灌木，更有四季常青的松、柏、竹、茶、棕榈等常绿树种，因此大洪山可以四季常青。

　　大洪山的树，不仅品种众多、四季繁茂，而且多有珍贵树种。被称为"活化石"的银杏树，在全国的遗存只有寥若晨星的少数群落，而随州的数千棵千年银杏树则主要集中在大洪山区。

　　在落湖有一棵岁在千年之上的古老银杏树，树高30余米，树干周长7人围抱尚不可及。它树冠盈亩，亭亭玉立，枝叶繁茂，被称为大洪山的树魂，还被誉为"中华银杏之王"。

　　在大洪山的怀抱中，除银杏外，还有更为珍稀的树种香果树。在植物学家的眼里，香果树是比银杏树更为古老的树种，更是植物的"活化石"，当然遗存也更少。据专家们透露，在我国，目前仅仅在大洪山和张家界等地尚能一睹香果树的"芳颜"。

　　在大洪山范围内的随州市随县长岗镇可以买到很多土特产，如野葛粉、野核桃、野蜂蜜等特色商品。在果实成熟的季节还有野枣、野樱桃、野猕猴桃、三黄鸡、香菇、板栗和黑木耳等。

　　大洪山为佛教圣地，区内寺院星罗棋布，香客信士络绎不绝，晨钟暮鼓彼落此起，在湖北首屈一指，与位于湖北省西北的道教圣地武当山遥相抗衡。

洪山寺位于随县长岗镇绿水村境内。洪山寺分上下两院，上院位于宝珠峰顶，史称幽济寺、灵济寺、灵峰寺、楚天望刹，始建于唐宝历二年也就是826年。下院位于山麓南面，史称保寿禅院、万寿禅院或万寿寺，建于北宋绍圣年间。

大洪山随州风景区包括随县长岗镇、洪山镇、三里岗镇和曾都区洛阳镇，核心风景区其主要特点为峰俊、林幽、洞奇、湖美、泉醇。大洪山省级地质公园，位于湖北省随州市西南边陲，是国家级大洪山风景名胜区重要组成部分。

大洪山地质公园，属于造山带构造地貌型，是以钾镁煌斑岩、蛇绿岩与板块碰撞遗迹、火山岩遗迹及金伯利岩等为核心，以红岩石瀑、似丹霞地貌为特色，以两王洞、仙人洞和双门洞等为代表的大洪山溶洞群等喀斯特景观为骨干的地貌类型。

地质公园以琵琶湖、新阳温泉、剑口瀑布和黄龙池等水体景观为灵魂，以编钟文化、神农文化、洪山寺宗教文化为载体，以及洛阳古银杏群、大洪山森林公园为绿色背景的特色鲜明、集科学价值与美学价值于一体的综合性地质公园。

大洪山温泉位于湖北省随州市洪山镇。大洪山温泉、冷泉资源名声在外，富含多种有益人体健康的矿物质微量元素，对皮肤病、心血管和消化道疾病具有良好的辅助疗效，而且对镇静安神、清热祛痰、解毒生肌、通脉活血、皮肤病患者等也具有一定的医疗保健作用。

大洪山玉龙温泉丰富的矿物质含量，温和的水质和充沛的储量，使它成为国内罕见型保健硫磺泉。

京山绿林景区位于大洪山南麓、京山县北部的绿林镇，是大洪山风景名胜区的核心景区之一。绿林山风景区由五大区域、十大景点和近百处景点构成。

包括以千年古兵寨为主要代表的绿林寨景区，以西线原始森林为代表的古朴神秘原始生态丛林景区，以众多的瀑布群为代表的水石文化交织的"美人谷景区"。还有以天然石编钟为神奇特色的空山洞景区，以鄂中久享盛名、柔情蜿蜒的鸳鸯溪漂流景区等。

绿林风景区有2000多年的古烽火台、古城墙、古兵寨、古战场、古汉梯田，也有抗日战争旧址。历史人文底蕴丰厚，自然风光秀丽无比，尤以绿林十八景蔚为胜观。

大洪山钟祥风景区位于钟祥城东北大洪山南麓客店镇，是以自然景观为主体的风景名胜区。其核心景点是黄仙洞、娘娘寨、珍珠泉。

黄仙洞位于客店镇赵泉河村，相传黄石公在此修炼过，故名黄仙洞。黄仙洞集世界溶洞之大全，有石灰岩地貌、钟乳石景观多处，尤其是喀斯特地貌，为世界罕见。

洞中有几十个大小支洞相连，洞中有洞，洞里有5个大厅，可容纳数万人。形成奇特的洞中山。

走进出黄仙洞出口，便进入四面绝壁合围的娘娘寨。娘娘寨现有保存完好的古民居村落一处，各类文物保护单位7处。娘娘寨四季气候宜人，被称为"最适宜人类生存的世外桃源"。

娘娘寨景区内古树参天、峰峦叠翠、溶洞群集、溪流纵横、深潭遍布。漫山遍野的奇花异草、成片的古银杏群落、久负盛名的高山云雾茶、众多佛道僧士、骚人墨客的碑刻壁画和悠久的历史传说，这些使黄仙洞娘娘寨景区形成了一个集自然生态、历史人文为一体的生态文化园区。

拓展阅读

元世祖忽必烈南征时驻军武昌，特请"佛足"随军，以鼓舞三军将士学习慈忍大师舍身忘我精神，为消灭南宋王朝，建立大元王朝舍身忘我而战。

他做皇帝后，一次夜间梦见慈忍大师请求将双足送回故里。忽必烈即派钦差大臣专程护送佛足回武昌洪山禅寺。

南下途中，听士兵们说起佛足越抬越重，当他们行至河南许昌丈地堡时，佛足更是沉重无比，抬挪不动，钦差大臣派人飞报元世祖，元世祖旨令就地建寺供奉，并将当地的地名也改为洪山。

险峻灵秀——九宫山

　　九宫山位于湖北省咸宁市通山县城东南，绵亘百里。九宫山因南朝"晋安王兄弟九人建九宫殿于此山，遂以为名"。此后，多朝皇帝封山赐匾，历代文人作赋题词，延至南宋名道士张道清赴九宫山开辟道场，香火远播，九宫山便成为全国五大道场之一。

　　九宫山雄奇险峻，景色迷人。春可赏花，夏好避暑，秋看红叶，冬览雪景，既有南国山峰的峻秀，又兼北国风光之壮美。九宫山夏天午前如春、午后似秋、晚如初冬，素有"天下第一爽"之称。

九宫山具有我国最具特色的高山湖泊云中湖，有全国落差最大的大崖头瀑布；还有分布近千种名贵动植物，近百种珍稀濒危物种，拥有大面积原始森林和第四纪冰川遗迹的九宫山森林公园。

主峰老鸦尖被称之为鄂南第一峰。这里春天，林木滴翠，繁花以锦；炎夏，清风徐徐，凉爽宜人；秋季，红枫耀脑，山清水秀；深冬，银装玉树，似北国风韵。

云中湖景区是九宫山风景精粹之地，位于凤凰岭上，湖面百多亩，蓄水量100多万立方米，最深处35米，是国内高度仅次于新疆天山天池和长白山天池的高山湖泊，也是我国高山湖泊中的佼佼者。

金鸡谷是一条森林幽谷，是一个风景幽雅的绿色世界，到处蝶舞蜂喧，莺歌燕舞，满目芳菲，也是九宫山风景精华之地。

境内老鸦尖为鄂南第一峰，也是幕阜山脉最高峰。周围千米以上高峰七八座，与之相连的有太阳山、药姑山等。这里群峰高耸，古木参天，是植物王国，动物世界。

无数溪泉潭瀑终年喷珠漱玉，无数的珍奇动物，漫山遍野珍稀植物都在这个宝岛上生长，是中亚热带植物群落的典型代表。

石龙峡风景区，是九宫山风景区的重要组成部分,位于铜鼓包西侧的三峰山北麓。这是一条南北向的山谷，全景区以石阶、石径贯通，石阶石径以花岗石料石砌成。为跨越山溪，建有石拱桥7座，铁索桥两座、跳石、栈道各一处。

景区中以崖、石、树、瀑、潭等组成的自然景观，明代的通山县礼部侍郎朱庭吏所筑的两崖行窝，和明末清初的懒拙和尚野居处，皆在北山谷中，是很重要的人文景观。

"风车口"也叫"大风口"，位于铜鼓包之西。大风车口宽约2000米，小风车口宽约30米。由于东西两面断崖耸立，形成剪刀形状的谷口，大陆南北气流为高山所阻，交汇于此山峰岔口，因而一年四季，天天都是疾风呼啸。

风车口顶部为30米宽的山脊，北边下方是10多千米长的幽谷石垄沟，南坡下为石船，是神话传说中的水将军与逆龙大战之地，至今有一巨大的山峰如船，为水将军所斩，那只逆龙要把江西造成海，湖广立洲城，最后被水将军降伏。

"雪海翠园"位于风车口旁的山坡峰谷，都堆积着雪白的沙子。若有云雾弥漫，就像到了海滨，这片雪海里，长着许多低矮的青松，远望江西修水白沙山如同雪龙飞舞。白沙在碧翠的青松掩映下，显得更加雪白，青松在白沙的衬托下，显得更为翠绿。

"尼姑石"与和尚石正在风车口至古老庙的群龙吸水前方。这两块耸立在树林上的奇石，高约丈余，一上一下，状如人形，正向上奔跑，相距百余米。前者为尼姑石，它身向前倾，如披衣御风。胖和尚在下紧追不舍，此景叫"和尚赶尼姑"。

更为奇妙的是，在古老庙与和尚石、尼姑石之间，还耸立着另一巨石，高约7米，上大下小，形似火炬，像一尊清秀观音，在庙前严肃看守，不准动了凡心的和尚、尼姑回庙，真是巧夺天工，天然成趣。

还有一个神话故事，说从前云关半山有座和尚庙，一天，有个上山的尼姑路过云关和尚庙歇脚，不小心把帽子丢在庙里。和尚发现后急忙拿起帽子追赶送还，尼姑发现和尚追赶，怕他居心不良，这样你追我赶，恰被张道清发现。

他认为不成体统，有辱仙家风范，于是他略施小术，用定身法让尼姑和尚都变成了两座小石峰。而位于公路上的另一个最大岩石则叫"道士解劝"。

　　"姊妹松"为两棵并立的松树，一松如姐，亭亭玉立，一松如妹，妩媚多姿。清代诗人在《怪松坡》中写道：

　　　　　雪埋关下坡，寻常松子落。
　　　　　缩颈话尧年，云秒双朵鹤。

　　怪松坡也叫狮子坪，为入九宫门户。这里满坡泉水如琴叮当弹唱，奇石遍布，状如龙飞虎跃，富有山野情趣。

　　"古崖洞"人称"陶姚仙洞"，是九宫八景之一。它背靠笔架山，前临喷雪崖，洞外有突兀巨石，在清晨和傍晚时，片片飞云，时隐时现，阵阵迷雾，若即若离，鸟从头上过，云在脚底飘。

有时，缕缕云烟直灌入古洞深处，萦绕不散。洞内有潺潺清泉，如将一枚硬币轻轻置于水中，硬币便在水面漂浮旋转。

"父子松"在含羞松旁边，有一对老少相依的"父子松"，约一抱之围，5丈多高。大的像一位慈爱亲和之父，小的像一个稚气未脱的顽皮的小伙，站在父松之下。

父松枝杆虬曲，树冠向子松弯倾，像一位被岁月压弯了腰背的慈父正在对它儿子诉说着什么。也许是在叮嘱它的儿子不要畏惧世间的风雨冰雪，教它懂得松的正直，要有松的骨气。300年来，他们就这样扶老携幼，老少相依为命，享受家庭的天伦之乐。

"试剑石"也叫万山石，位于九宫山北麓狮子坪的云关古道上，面对狮拥云关，距云中湖2千米，原建有构斯亭。云关古道为朝山神道，梯级石阶，旁崖临阁。其中一座巨石耸立路旁，一边被削去10平方米，相传张道清上九宫山开辟道场，在此被巨石所阻，他挥剑劈开巨石，故名试剑石。

"云关隘路"在云关石刻之上，古为香客进山神路，因其傍崖临涧，常有云雾迷漫，故留下了"万壑风涛撼古松，白云未散碧云封"和"穿云几度达云关"的古诗句。隘路上端有"娘娘庙"遗址。庙前繁花点点，青林涌翠，云飘雾绕。

这条朝山古道沿途奇石耸峙，形成天然有趣的"虎头、石猴、雄狮、观音"等胜景。古道小径穿云破雾，时隐时现，人行石径，如同在天空中腾云驾雾。时而云迷山峰，风吹山似飞，云动石如舞；时而繁花耀眼，恍如蓬莱仙岛。

"闯王陵"门楼为三门四柱为钢筋水泥浇灌，表面嵌满翡翠绿色大理石米。表面脊筒滴水仿明清饰鸥尾。门前两侧伫立着两对明代的石狮、石象，门前横径石桥，正门镌刻宋体金字"闯王陵"。

门楼前有广场，可供停车和游人聚集。广场左侧有一纪念碑，刻着介绍李自成的生平碑文。闯王陵背依九宫山老崖"虎山"，旁西流溪水，坐北朝南，主体建筑有门楼、墓冢、陈列馆。

整体建筑依山就势，气势宏伟。陈列馆内收藏有李自成流鎏金马镫等许多珍贵文物和不同时代的史志文献。陵园附近还有落印洞，拴马松等李自成殉难时的古迹。

墓冢位于门楼之上，陈列馆之下，都在同一条中轴线上。由门楼起步，登58级石阶，即李自成墓冢祭台，椭圆形的坟冢围着花岗石圈，这就是闯王的"宝顶"。

墓前立着一块"李自成之墓"的荷花绿大理石碑。前有拜台，两侧有看台、花坛、种有梅花、雪松、香樟等名贵植物。

上有下马亭、激战坡，下有幽径石桥和纪念碑台，腊梅寒冬傲雪，雪松四季常青，玉兰树伫首凝思。椭圆形的墓冢长满了厚厚的绿草，吸取日月光华而四季常青吐翠，更与日月同辉。

"金鸡石"在仙人簸米对面的原始森林中的狭谷里，有一座近七八米高的小石峰，峰顶上有块七八米高的金黄颈长鸣，两条湍急的溪水在金鸡岩下流唱。这里也是座珍稀植物园，石峰上长满了奇花异木，峰下爬满名贵药材鸡血藤。

"一线天"是九宫山最险峻之处，在铜鼓包和风车口两座山崖之间，形成狭长的陡峭深谷，人在谷底仰望高空，唯见一线蓝天。人立其上，险象环生，深谷生云，峭石凌风，云浮风起，仿佛山在摇晃。

拓展阅读

在金鸡岩四周，有许多奇峰怪石，其中的石狐狸和石狼狗还有一个故事。

相传有一天金鸡下山，被狐狸发现了，狐狸正要抓住金鸡时，一只狼狗又来追赶狐狸，结果被簸米的仙女发现，她用手指一点，都变成了石峰，如是就有了"狐狸镇金鸡"、"狼狗镇狐狸"的趣景，反正谁也没有吃掉谁，千百年来，就这样相互对峙。

北方自然名胜

　　我国北方虽然地处内陆，气候干燥，但这里的山水钟灵毓秀，这里的山寨幽静古老，这里的山林葱翠浓郁，这里的池塘波光粼粼，这里的岚霭悠悠萦绕在山间，这里的古老建筑和民俗风情，一切都在淳朴自然的生态环境中灵动着。

　　其中著名的自然风景名胜区有西柏坡天桂山、秦皇岛北戴河和历史文化悠久、人文景观丰富的医巫闾山等处，美轮美奂，内涵丰富。

北方桂林——天桂山

　　西柏坡天桂山风景名胜区，位于河北省西部太行山东麓的平山县境内，由西柏坡、天桂山、驼梁、温泉度假村和中山古城组成。

　　西柏坡天桂山属暖温带半湿润大陆性季风气候，四季分明，光照充足，是观光度假的理想之地。景区向东向西，高低悬殊，景色各异。春日杜鹃映冰，夏季漫山碧透，秋来层林尽染，冬至冰雕玉砌。据史书记载，西柏坡原名"柏卜"，始建于唐代，因村后坡岭上翠柏苍郁而得名。

1935年，该村一位教书先生将"卜"改为"坡"，又因与"东柏卜"村相对而居，遂改名为"西柏坡村"。

西柏坡，这个冀西山区滹沱河北岸的小山村，不仅风光秀丽，而且水土肥美。小山村位于平山县中部，正处于华北平原和太行山交汇处，在一片向阳的马蹄状山坳里，西柏坡三面环山，一面环水，西扼太行山，东临冀中平原。

这里交通方便，易守难攻，既适宜危急时刻向山里撤退，顺利时又便于向城市进军。西柏坡村一带村庄稠密，且沿滹沱河分布，依山傍水滩地肥美，地宽粮丰，稻麦两熟。

天桂山有青龙观道院、玄武峰、万佛岩、翠屏山、银河洞、天桥山等景区。景区内重峦叠嶂，绝壁千仞，在三栈的山坳中，坐落着主景区青龙观，上依危峰，下归绝壁，左有青龙峰，右有白虎垴，恰似一把太师椅。

青龙观是一座政教合一的皇家道教建筑，原是明朝崇祯皇帝的行宫。在纯自然景观中增添了一组富有皇家园林气派和道家宫观风采的建筑群体，因为湖北的武当山是我国著名的道教圣地，随之又有"北武当"的美誉。

清初，青龙观屡有增设和修葺，拥有大小建筑12处之多。其中真武殿、苍岩殿和大光明殿共为青龙观的三大建筑。在这座集皇家园林、道教宫观和大自然秀丽景观于一体的风景名胜区内，青龙观的庞大建筑群，依山就势，随崖而建，真可谓陡崖镶金，绝壁嵌珠，巧夺天工。

在丛林掩映下，一组组建筑时藏时露，错落有致。在这里，不仅可以领略奇峰林立，雾锁云封，花繁林密，泉鸣瀑溅的自然景观，而且可以陶醉在红墙绿瓦，翘角飞檐，风拂铜铃，空谷梵音的氤氲气氛中，自是有一番超凡脱俗的情趣。

天桂山的主峰望海峰海拔1000多米，山脉呈东西向。其山脚下是滹沱河上游。望海峰是天桂山东峰一脉，这里终年云雾缭绕，时而山顶"戴帽"，时而云径流山腰，支海波涛，变幻无穷。在望海峰远眺，可见千峰竞秀，万壑争流，峰峦尽染霞光，景色蔚然壮丽。

玄武峰景区位于青龙观山顶，由天梯、天桂石林、灵霄胜境3部分组成。宽令尺余的天梯斜嵌在断崖间，险峻陡峭，高插云天，有一步登天之感。

天桂石林位于主峰顶部，境内山径曲幽，步换景移，古木参天，静野瑰丽，怪石竞秀，似柱似塔，如禽如兽。苍龙伏地、群象演阵和金龟望月等景象形象逼真。石林、云屏、瑶台、傲骨、真假山等造型奇特，千姿百态。

银河洞因洞内罕见的系列圆穹景观极似群星灿烂，故名银河洞。洞厅相连，洞下有洞，恢宏瑰奇。洞中"玉猫"乃稀世奇景，为一天然巨型汉白嵌入泥质灰岩中，在我国绝无仅有。该洞冬暖夏凉，享有天然"空调洞府"美誉。

景区内的大天桥为天然大型石拱桥，飞架于两座海拔千米的高峰之间，气势恢宏，可与张家界天桥并雄南北。伫立桥上，下临万丈深渊，云托桥，桥载云，云烟翻滚，令人惊心动魄。

驼梁位于河北省平山县西北端冀晋两省交界处，与佛教圣地五台山遥遥相望，因山顶恰似驼峰而得名。

驼梁主峰层峦叠翠，林海滔滔，幽峡如画，瀑布成群，云海频出，气候宜人，万千景色处处引人入胜。

驼梁从山谷到顶峰分布着白桦、松柏枫树、山杨等树种及灌木草本植物，而且到处可见野玫瑰、丁香、菊花、金莲花、杜鹃花、毛金花和山丹丹等奇花异卉及黑木耳、野黄花、蘑菇和地皮等山珍野味，还可采到无数种名贵中药材。

五月暮春，驼梁杜鹃花披红挂绿；七月盛夏，百花盛开，争芳斗艳，山顶"五月草甸"之美景令人赞叹。南驼夏季云腾雾绕，山峰在云海中出没；秋季满山红叶，五色缤纷，身临其境，犹如画中；冬季飞雪，冰川晶莹，银枝素花，可谓壮观。

景区内飞禽鸣叫，野兽出没，溪水长流，瀑布成趣。驼梁更以凉爽的气候而著称，夏季平均气温只有19度。夏日的驼梁绿茸茸，水淋淋，仿佛刚从水中捞出，山含岚气，云带雨露。

驼梁的冰泉、龙泉、马趵泉等数十个清泉，宛若串串明珠撒落峡中，晶莹清澈，涸旱不竭。三叠瀑、白龙瀑、人字瀑、五指瀑等近百处瀑布，飘舞在葱茏幽深的长峡中，飞珠溅玉，寒烟凝翠。

驼梁峰巅的空中草原、花海，更是大自然的神奇杰作。山顶，宽坦如砥，草茵幽幽，隐于蓝天白云和松林绿波之间。

温泉度假村以得天独厚的优质天然温泉而著名，自汉武帝刘彻在此发展温泉沐浴疗疾至今已有2000多年的历史。

温泉度假区内的温泉属全国重点地热矿泉之一，泉水出水温度常年保持在69度，具有可调节血管系统和神经系统功能，起到降压、镇静等作用，对各种皮肤病有神奇功效。

中山古城遗址位于河北省平山县三汲乡，中山古城是战国时期中山国的都城，系全国重点文物保护单位，有城址、陵区等多处景点。

古城址平面呈不规则的长方凸角形，城垣依河沟地形修筑，利用河沟作城壕。城内中部筑一道南北向夯土隔墙，将城邑分为东城和西城。城垣现已大部无存，地下城墙基部尚能连贯。

北墙、西墙和南墙上有4处突出城垣的建筑基址，其位置均与护城有关，可能是防御设施。北墙中部和西墙中部各发现城阙一处。西城内发现一条贯穿东西的干道，东接建筑遗迹区，西经西门至城外。

东城的东部发现大型建筑群两处，与三号大型建筑群相距约1500米，南北遥遥相对，大致在一条中轴线上。遗址以夯筑高台为中心，两侧有大面积的夯土基址，基址上面有圆形柱基，外有夯土墙基。

东城西部中区发现大面积的手工业作坊遗址，经局部发掘，基本上可分为3片手工作坊区。北部为烧制陶器的作坊区，南部为铸铜、铁器作坊遗址，东南部为制骨器、玉器和石器的作坊遗址。

烧制陶器作坊区内，东部以制陶为中心，西部为烧陶窑区；铸铜、铁器作坊遗址内，北部为铸铜器区，西城的北部为王陵区；南部为大面积的居住区，遗址内灰坑密集；东部为密集的建筑遗迹区。

拓展阅读

从前，在天桂山后山的蒿田村，有一姓马的妇人，每天早晨从山下挑一担水，卖到山上的奶奶庙。每次挑水时都要在一棵槐树下歇息并给老槐树浇水。

有一年夏天，马妇人挑水到槐树底下时昏倒在地，这时，槐树根部突然冒出一股泉水，老妇人上前喝了一口，一下子好了许多。从此，槐泉也因此出了名。

著名诗人刘章游览此地，听了槐泉的故事之后，当场赋诗一首："老妪浇槐不计年，黄花绿叶点青山。有情草木良心在，滴水之恩报涌泉"。

滨海胜地——北戴河

　　北戴河海滨地处河北省秦皇岛市的西部，由于受海洋气候的影响，夏无酷暑，冬无严寒，常年保持一级大气质量，没有污染，没有噪声，城市森林覆盖率50%以上。

　　北戴河海滨避暑区，西起戴河口，东至鹰角亭。这里气候宜人，自然环境优美。

徜徉于北戴河区和野生动物园之间，在海水、沙滩、树木和动物相伴下，你会欣赏到大自然无与伦比的美。

　　秦皇岛的海岸线长，滩涂缓和，海产品丰富，非常适合海上垂钓。海港区东山码头、北戴河码头、南戴河仙螺岛、昌黎翡翠岛等都可以海上垂钓。

　　北戴河海滩背靠联峰山，联峰山分东西两峰，山上山下松柏成林，郁郁葱葱。东联峰山从山间小路可行至山顶望海亭。在这里俯瞰海滨，翠绿欲滴的丛林，鹅黄色绒毯般的沙滩，碧蓝的大海，使人心旷神怡。

　　北戴河是神州九大观日处之一。北戴河观日处位于北戴河海滨，东北端的鹰角石为最佳地点。这是一座屹立于海边的孤峰，石骨嶙峋，陡峭如削，形如鹰立，故名鹰角石。过去，曾有成群野鸽栖息在石缝之内，故又名鸽子窝。

　　在山峰上建有鹰角亭，登临其上，俯望沧海，碧波万顷，白浪滔滔，更觉气势磅礴。

在海岸线上，沙滩和礁石，相互交错，海湾和岬角，依次排开。沙滩松软洁净，堪称北方第一。礁石造型奇特，引人无限遐思。海湾浅浅碧水，浴场沙软潮平。岬角拔地而起，观鸟观海观日出，此处最富吸引力。

　　天下的山有的以高大雄伟而闻名，有的以挺拔险峻而著称，而北戴河的联峰山却不同，人们在温柔舒缓、平步青云中不知不觉就能到达山顶，眺望方圆百里山峦大海的旖旎风光。

　　联峰山公园是一个有着近百年历史的森林公园，奇石异洞、翠柏青松、亭台阁榭、鸟语花香，把山装点成为一个有着鲜明个性的绿色世界，一幅气象万千的绚丽图画。

　　联峰山公园又称莲蓬山公园，是北戴河区海滨一座小型森林公园，原有的地形地貌和植被保存完好，山林自然特点突出。公园内有3座松林覆盖的山峰，因山势连缀，固有联峰之秒，山势远视又似莲蓬，也称为莲蓬山。

　　联峰山山顶建有望海亭。登亭远眺，北戴河区海滨的秀丽风光尽收眼底。主峰北面是青龙山，主峰东北是鸡冠山，山上建有观景凉亭。联峰山南麓有蜿蜒曲折、顺势而上的水泥台阶，北麓有用花岗石板铺成的台阶直通山顶。

公园内有观音寺、钟亭、朱家坟、桃园洞、三眼井、莲花石、翁石、避雨石、对语石和卧石等名胜古迹。莲花石旁有石碑，碑的正面是徐世昌的题诗《题莲花石》，碑的背面有碑文记载1919年公益会在此建莲花石公园的始末。

联峰山公园原为开放式，先后建起南北大门，南门仿牌楼式建筑，形体高大，色彩华美，古朴典雅；北大门采用大理石贴面，气势雄伟壮观。

碧螺塔位于北戴河海滨小东山，这里三面环海，风光绚丽。碧螺塔为公园的主景建筑，它是世界独一无二的仿海螺形螺旋观光塔，造型新颖别致，引人入胜，塔分7层，旋转式楼梯。

碧螺塔由下而上分为海、陆、天构思装饰，各种海藻、珊瑚、鱼类、动物、云彩、彩霞、鸟类飞禽等图案五光十色，珠光宝气，妙趣横生。

塔内装饰大型壁画10余幅，有大型木雕"碧螺仙子"和"海蛙姑娘"，刀工精细，古朴典雅，还有大型

落地屏风"柳毅传书"和"神女"条屏等。

碧螺塔为海滨东山地区的最高点，登塔远眺，一望无际，茫茫大海尽收眼底，使人心旷神怡。

老虎石海上公园位于北戴河风景区中心，公园内形态不一的礁石，状似群虎。碧海、金沙、碣石，吸引着无数人到此消夏。

老虎石如镶嵌在渤海之滨的一颗明珠，绚丽多姿，闪烁着诱人的光辉。老虎石在中海滩东面的沙滩上，由几块形态不一的礁石组成。礁石呈暗红色，散卧在海岸边，状似群虎，故而得名。

在北戴河区海滨金山嘴路东横山上，有一处规模宏大的建筑群，专家考证认定这是秦始皇行宫遗址。遗址东面是一组大型四合型建筑群的一部分，坐北朝南。

秦始皇行宫遗址出土文物丰富，有菱纹、饕餮纹、卷云纹、双云纹等瓦当、菱纹格空心砖、麻面大板瓦、陶井、陶盆、陶文等，经鉴定为是秦始皇父子东巡碣石时的行宫遗址。

东海滩浴场是北戴河最好的海滨浴场，这里四周风景好，海水质量好，北戴河少有的贝壳沙这里也可以见到，贝壳沙由细细的小石头粒和贝壳碎片组成，晶莹剔透。

中海滩是北戴河海滨东路至剑秋路一带海滩，这一带依山邻海，位置适中，有宽阔的浅海和明净的沙滩。景区东起第七桥南路，西至平水桥，南抵渤海岸边，北达黑石路北。中海滩以老虎石景点为中心，北戴河20多处海水浴场大多设在这一带。

北戴河区濒临渤海湾，特产以海产品为主。螃蟹、干贝、海鳇鱼、梭鱼、墨斗鱼、带鱼、鱿鱼、海螺、毛蚶等贝壳类品种繁多，集渤海湾海味产品之精华。

螃蟹是海滨主要海产品，种类较多，尤以梭子蟹为佳，其特点是形体较大，身形扁长，为浅青色，当地又称其为"大海蟹"。海参种类甚多，而北戴河的刺参品味尤佳。

北戴河市区沿岸还是对虾洄游、繁衍、栖息的场所，因此具有得天独厚的捕捞和养殖条件。鲜活对虾体色青中衬碧，玲珑剔透。熟后通体橙红，如珊瑚雕就，观之色艳悦目，食之鲜美异常，为虾类上品。

扇贝因其壳形似扇得名，是名贵的海产双壳贝类。贝壳轻薄而坚硬，上有若干条放射筋络，呈红、黄、紫、白等鲜艳色彩，是贝雕工艺品的绝好原料。北戴河所产扇贝，主要为栉孔扇，其肉质细嫩，味道鲜美，营养丰富。

拓展阅读

相传，四海龙王之子为争夺龙位互相残杀，玉皇大帝知道后命四海龙王诸子到天河来比赛。渤海龙王有意让自己的儿子小白龙继承王位，于是就把宫中宝贝击水玉带偷偷地交给了小白龙。

小白龙在比赛中因为救一位民女，没有获得王位，被安排在玉带冲击而成的玉带河里镇守，从此这里的人们过着安居乐业的生活。

因为玉带是白色的，有人把它叫作白带河。后来，又因"白"和"北"的字音相近，"带"和"戴"音相同，人们就把它叫作北戴河了。

溶洞奇观——石花洞

　　石花洞地处北京房山区西山深处南车营村，因洞体深奥神秘原称"潜真洞"，又因洞内生有绚丽多姿奇妙异常的各种各样石花又称"石花洞"。形成于7000万年前的造山运动。目前已发现此洞有7层，而且层层相连，洞洞相通，为北国极为罕见的地下溶洞奇观。

经中外洞穴专家考查，认为石花洞内的岩溶沉积物数量为我国之最，其美学价值和科研价值也可居世界洞穴前列，与闻名中外的桂林芦笛岩、福建玉华洞、杭州瑶琳洞并称我国四大岩溶洞穴。

石花洞洞体分为上下7层，目前仅对外开放1层至4层。4层洞壁被钟乳石类封闭，5层厅堂高大、洞壁松软，并且空气新鲜，7层则是一条地下暗河。

石花洞内的自然景观玲珑剔透、花彩多姿、类型繁多、有滴水、流水和停滞水沉积而成的高大洁白的石笋、石竹、石钟乳、石幔、石瀑布、边槽、石坝、石梯田等和渗透水、飞溅水、毛细水沉积形成的众多石花、石枝、卷曲石、晶花、石毛、石菊、石珍珠、石葡萄等。

还有许多自然形成的造型，如海角护宝等。并有晶莹的鹅管、珍珠宝塔、采光壁等，众多的五彩石旗和美丽的石盾为我国洞穴沉积物的典型，大量月奶石莲花在我国洞穴中首次发现。

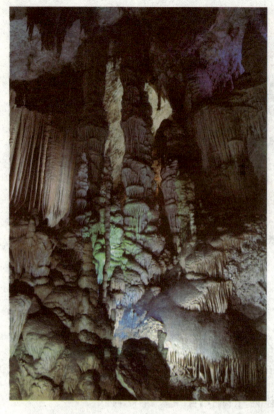

石花洞各个景区遥相呼应，互为映衬。"瑶池石莲"已有32000余年的历史；"龙宫竖琴"堪称国内洞穴第一幔；"银旗幔卷""洞天三柱"等12个大洞穴奇观无不令人赞叹叫绝。

石花洞中洞穴沉积物记录了地球的演化历程和沉积环境的变化，是一处研究古地质环境变化的重要信息库。

石花洞石笋见证了北京2600多年夏季气候变迁。大约在四亿年前，北京地区曾是一片汪洋大海，海底沉积了大量的碳酸盐类物质。由于地壳运动，几经沧桑变迁，海底上升为陆地。

大约在7000万年前，华北发生了造山运动，北京西山就此形成。而后碳酸盐逐渐被溶蚀成许多岩溶洞穴，石花洞就是其中之一。

石花洞发育在奥陶纪地质年代的奥陶系马家沟组石灰岩中，随着地壳运动的多次抬升与相对稳定之过程，使之发育为多层多支溶洞。

1446年4月，僧人圆广云游时发现，命名"潜真洞"，并在洞口对面的石崖上镌刻"地藏十王"像。

后来，僧人圆广又命石匠雕刻十王教主"地藏王菩萨"佛像，安座第一洞室，则又称为"十佛洞"。

石花洞中最著名的云水洞位于北京西南的上方山上，洞中有山峰12座，"中天之柱"是其中的最高峰，也称"摘星坨"。

云水洞是上方山最著名的景观，素有"幽燕奥室"之称。云水洞有6个洞室，第二厅中坚立的一根石笋，高达38米，居亚洲第一，世界第三，被誉为"擎天柱"。

骆驼峰由山峰自然形成，宛若一匹巨驼，四蹄没于苍林翠壑，双驼摩云，仿佛神物，观看驼峰每每令人感叹大自然造化的神奇。

云梯始建于金代，曾在明永乐、弘治、万历年间三次重修。云梯依壁随岩，阶阶而上，共有262级。踏级而升，仿佛直入云霄，故得名"云梯"。云水洞是我国北方最大的溶洞，为京郊著名山水佛教游览胜地。

拓展阅读

形成我国北方岩溶的地层主要为奥陶系马家沟组石灰岩和中元古界蓟县系雾迷山组硅质条带白云岩。

上新世石林与第四纪岩溶陡壁组合成的房山地貌主要形成于雾迷山组中，岩溶洞穴发育在马家沟组和雾迷山组中。大石河南岸从上游至下游依次分布鸡毛洞、银狐洞、石花洞、清风洞和孔水洞，由一条地下暗河连为一体，称为石花洞系。

石花洞系发育在北岭向斜东北扬起端的马家沟组顶部，与南面的周口店猿人洞系隔着房山闪长岩体。石花洞系中8层不同海拔高度的溶洞可以和永定河的8级阶地进行对比，也可以和8个华北地文期对比，代表了与之相互对应的北京西山新构造隆升的期次。

东北屋脊——长白山

　　长白山位于吉林省延边朝鲜族自治州安图县和白山市抚松县境内，是中朝两国的界山、关东第一山。因其主峰多白色浮石与积雪而得名，素有"千年积雪为年松，直上人间第一峰"的美誉。

长白山是我国东北境内海拔最高、喷口最大的火山体。长白山还有一个美好的寓意，即"长相守，到白头"。

以长白山天池为代表，集瀑布、温泉、大峡谷、地下森林、火山熔岩林、高山大花园、地下河、原始森林、云雾、冰雪等景观为一体，构成了一道亮丽迷人的风景线。大自然赋予了它无比丰富独特的资源，使之成为集生态、风光、民俗于一体的自然名胜地。

长白山的主要景观有乘槎河、牛郎渡、长白山天池、补天石、长白山瀑布、聚龙泉、地下森林、美人松、小天池、赤湖、方正石等。

乘槎河开始仅仅是一条溪流，平缓悠然。当流了1000米后，地势突然陡斜，小河立刻变成野马，抖动白浪，呼啸向前。乘槎是指神话中乘木排上天的意思。乘槎河全长只有1250米，是世界上最短的河流，它尾接天池，头顶长白瀑布，在2000多米的高山之巅奔腾不止，实为世间一大奇观。

牛郎渡位于乘槎河上，是一块横在河里的石头，它好似一座小桥，帮助人们过河。因为从此踏过乘槎河后，便可直至织女峰，故名。牛郎织女的爱情故事"天河配"在长白山找到了物证。

天池水刚刚流入乘槎河，水平如镜，清澈见底。河水闪着碧蓝的光，映着蓝天、白云和山影，透出一种恬淡的诗情。在河湾处，建有巨大的碑石。卧牛形状的巨石上面镌刻着"牛郎渡"3个大字。

长白山天池位于长白山主峰火山锥体的顶部，是我国最大的火山口湖，荣登海拔最高的火山湖基尼斯世界之最。天池四周奇峰林立，池水碧绿清澈，是松花江、图们江、鸭绿江的三江之源。

天池是我国最大、最深和最高的火山口湖，也是中朝两国的界湖。天池略呈椭圆形，水源主要是地下水和大气降水。天池除了水之外，就是巨大的岩石。天池水中原本无任何生物，但在近几年，人工饲养了虹鳟鱼，此鱼生长缓慢，肉质鲜美。

天池也称为"闼门"。闼，本意是小门的意思。天豁峰和龙门峰之间有一缺口，神似大自然造就的"小门"，天池水从此流出。

天池之水涓涓细流，几乎看不见波浪，缓缓地平稳地流动，渐渐地积蓄着力量，加快步伐，汇聚着千军万马，最后以排山倒海的气势，冲出窄小的门，昂扬呼啸，如万马奔腾，在悬崖上飞泻，那磅礴的气势震撼大地，震撼人们的心灵。

补天石位于长白山天池畔，乘槎河河口，从高处望去胜似一棵巨大的象牙伸入天池。《长白山江岗志略》中记载：

> 补天石，在龙门峰东，天池出水之处。石半居水中，半居峰上，特起而高。窥其形势，作中流砥柱，亦似有补天池缺陷之象，故名之。

长白山水资源丰富，素有"万水之源"的美誉。由于长白山海拔高、坡度大、峡谷多，形成了众多美不胜收的瀑布景观。

长白瀑布宛如玉带从天而下，飞流倒挂，轰鸣如鼓，白沫飞进，溅起千堆浪花。大有"乱石穿空，惊涛拍岸"的气势。由于瀑布的两条水流成年累月的猛烈冲击，使瀑布飞落的山崖下形成了20多米深的水潭。

聚龙泉位于长白山北坡,不论冬夏,总是热气蒸腾,雾气缭绕,特别是严寒的冬季,在皑皑白雪的衬托下,温泉更是云遮雾障,犹如神秘的仙境。温泉附近长年沉淀下来的矿物质,有红、褚、黄、青、绿等颜色,好似美丽的陶瓷,一种清淡的硫黄味在空气中飘浮。

这些温泉活生生地证明,长白山火山喷发后岩浆的余热未尽,地下还存在着火山活动。

当热水从地下深处逐渐向上移动时,水中的气体随地层压力越往上越小,气体就大量挣脱出水面,人们看见在温泉底部有无数滚动珍珠似的气泡,沸腾地冒出泉口,发出开锅似的声音。

地下森林,位于二道白河岸边。由于造山运动,或火山活动,造成大面积地层下塌,形成巨大的山谷,使整片整片的森林沉入谷底。激流在谷底呼号咆哮,倒木横在乱石丛中,不时传来怪鸟的鸣叫,这里是一幅原始森林深处的图画。

美人松被誉为长白山 "第一奇松" 当之无愧。她秀美颀长,婀娜多姿,像一个个亭亭玉立、略施粉黛的长白美女,在招手欢迎远来的游客。就像黄山的"迎客松"一样,美人松已成为长白山的一个代表性景观。

从北坡登长白山,一进入山脚下的吉林省安图县二道白河,美人松就闯入人们的眼帘。她们或单棵独处,如深闺少女;或成片共存,像佳丽云集。

那通直光洁的躯干,棕黄透粉的树皮,像美女的艳丽长裙;常绿的树冠,似她们的浓浓云鬓;那左右伸展的长长树枝,更如美人的纤纤玉臂和舒展的广袖。

美人松是长白山区特有的珍稀树种,属国家三类保护植物,其学名为长白松。美人松分布范围十分狭窄,除了长白山自然保护区内有一片外，只在二道镇和白河林业局有小面积集中分布。

美人松只生长在长白山火山灰形成的土壤之中，其生长速度很快，而且没有任何病虫害，堪称大自然的一个奇迹。她不仅有婆娑多姿、风姿绰约的外形，更有搏风傲雪、不惧严寒的勇气。

越是冰天雪地的严冬，她们越是青翠欲滴。更有意思的是，美人松越老越俏，百年以上最为好看，颇有一种成熟的风韵和少女的娇羞合一的美。

小天池位于白河渡桥西岸的密林深处，景色迷人，像一面镜子，映着山光树影。在这种幽静之中，蕴藏着两个"谜"。

一是，小天池没有出水口，不论是干旱，还是大雨，小天池就是水平如镜，完全是一幅与世无争的面孔；二是，小天池中生活着一种只有在北极地区才能生存的极北小鲵。

距离小天池数百米，与之对称的还有一池，颜色黄里透红，除雨季外此湖常常干涸，故称"赤湖"。如果从天池公路的合适之处俯视两湖，就像一副眼镜，而且一个碧蓝晶莹，一个赤黄耀目，颇似波斯猫的一双眼睛，人称"眼镜湖"、"对环湖"。

方正石在长白山小天池附近，如果仔细观察山石景物，一定会发现有几块方方正正的大石头。这些石头上长满青苔，有的还长出小树，它的形状尤其令人生疑。

特别是方圆不到几千米的地方，居然有几乎同样大小的方正石三四块。据说，这是火山爆发时，造成的山石碎裂，至于石头又方又正和大小相同，纯属偶然。

拓展阅读

天宫里也有喜欢赌博的神仙，这神仙不是别人，正是王母娘娘的3个女儿。她们常常偷着掷骰子。她们玩得那么入迷，把功课都忘在脑后，在一场考试中，3个姐妹交了白卷。

尽管没有神仙嘲讽，也没有母亲的打骂，三个仙女都感到十分羞赧，在众仙人面前抬不起头来。3个姐妹商量一下，决心戒赌。她们把赌具几颗骰子从天国扔向大荒山。

从此，在长白山小天池附近就有了几个又方又正的石头。有心人看见这些石头，知道这是让人学好向上，做堂堂正正的人。因此，给这石头取了一个名字——方正石。